中外巨人传

康 熙 帝

徐雪梅 柳海松 著

辽海出版社

图书在版编目（CIP）数据

康熙帝 / 徐雪梅，柳海松著 . — 沈阳：辽海出版社，2012.5（2019.1 重印）
ISBN 978-7-5451-1163-7

Ⅰ.①康… Ⅱ.①徐…②柳… Ⅲ.①康熙帝（1654～1722）—生平事迹 Ⅳ.① K827=49

中国版本图书馆 CIP 数据核字（2019）第 024780 号

责任编辑：柳海松
责任校对：顾　季
装帧设计：马寄萍

出　版　者：辽海出版社
　　　　地　　址：沈阳市和平区十一纬路 25 号
　　　　邮　　编：110003
　　　　电　　话：024-23284473
　　　　E-mail:dyh550912@163.com
印　刷　者：天津海德伟业印务有限公司
发　行　者：辽海出版社

幅面尺寸：165mm×230mm
印　张：12
字　数：130 千字

出版时间：2012 年 5 月第 1 版
印刷时间：2019 年 1 月第 4 次印刷
定　价：28.00 元

版权所有　翻印必究

目 录

001 一、少年天子
001 1. 童年生活
003 2. 荣登大宝
005 3. 四大臣辅政
012 4. 大婚与亲政

018 二、皇权独揽
018 1. 智除鳌拜
022 2. 平吴三桂诸藩之乱
036 3. 内阁与南书房

040 三、烽火连天
040 1. 平定台湾

045 2. 抗击沙俄
058 3. 平定准噶尔叛乱

072 四、巡行天下
072 1. 东巡
086 2. 南巡
100 3. 北巡塞外及巡幸西安

104 五、盛世建树
104 1. 整饬河工
112 2. 多伦会盟
120 3. 文化工程

129 六、家庭生活
129 1. 对祖母的爱
132 2. 三任皇后
134 3. 后宫的嫔妃
140 4. 众多的子女

150 七、储位的困扰

- 150　1. 册立太子
- 152　2. 一废太子
- 155　3. 二废太子
- 159　4. 储位之争

- 168　八、没有料到的结局
- 168　1. 带着遗憾离去
- 171　2. 兄弟相残

前 言

他是一位少年得志的皇帝。

他是一位叱咤风云的皇帝。

他是一位儿女众多的皇帝。

他又是一位晚年备受皇位继承困扰的皇帝。

这位皇帝，不是别人，正是大家所熟悉的康熙大帝。

康熙帝所处的时代，是一个大变革的时代，世界范围内的资产阶级革命正风起云涌，一浪高过一浪，中国国内清王朝与明朝及农民军余部的战争刚刚接近尾声。新建立起的大清王朝，从各个方面来讲，都需要采取相应的措施，来巩固这经过近百年创业、来之不易的政权。而这就使清朝必须有一位强有力的领导者。正是在这种背景下，清世祖的第三子玄烨被确定为皇位的继承人，并在其祖母的辅助下成为时代的弄潮儿，"康熙大帝"也应运而生了。

"康熙大帝"并非徒有虚名的恭维话，而是实实在在的。这都源于康熙帝在他在位的61年间，建立了卓越的功勋，开创了一个为后代屡屡传诵的康乾盛世。

谈到康熙帝的业绩，我们可以从对内、对外两个方面来看。对内，康熙皇帝以惊人的魄力，清除了鳌拜集团，又设立南书房，

加强了皇权，还乾纲独断，下令削藩，清除了以吴三桂为首的三藩势力，将其权力收归中央，加强了中央集权。面对国内的分裂势力，康熙皇帝更是积极维护国家的统一，不但收复了台湾，而且剿灭了以噶尔丹为首的蒙古分裂势力，完成了中华帝国的统一，使大清对中国的统治得以巩固。面对黄河、淮河每每泛滥成灾，给沿岸百姓带来深重的灾难，康熙皇帝深表同情，多次下令治理河患，造福百姓。在做出政绩的同时，康熙皇帝也热衷于文化工程的建设，在他的支持下，我国重要的一部类书——《古今图书集成》诞生了。

对外，康熙帝继位的时代，正是西方殖民主义者开辟殖民地，进行殖民掠夺的时代。作为后期的殖民者沙俄，将殖民掠夺的黑手伸向了中国的东北。面对沙俄殖民者的侵略，康熙皇帝态度强硬，坚决予以回击，他在照会沙俄退兵无果的情况下，毅然决定出兵东北，将沙俄殖民者驱除出黑龙江流域，迫使沙俄与清朝签订了《中俄尼布楚条约》，维护了中国的主权和领土完整，奠定了东北100余年边境安定的基础。

作为一个封建皇帝，康熙帝是很称职的，但对他而言也有些许遗憾。这就是晚年他备受困扰的皇位继承人问题，皇太子允礽的立而被废，废而再立，立而又废，深深地折磨着这位大清皇帝，成为他的一块心病，而且直到他去世他也没有彻底解决这一问题，从雍正朝骨肉相残的悲情事件中，我们不能不说与康熙帝有关，是他无心之中埋下了骨肉相残的伏笔，这种结果也是他万万不能料到的。

正所谓瑕不掩瑜，康熙皇帝仍是一个十分有作为的皇帝，是中国历史上一个杰出的封建皇帝，他开创的盛世局面为大清王朝戴上了一顶美丽的光环，这是一个不争的事实。

一、少年天子

1. 童年生活

顺治十一年三月十八日（1654年5月4日），在北京紫禁城的景仁宫里，一个婴儿呱呱坠地，后起名叫玄烨。他的父亲是顺治帝，母亲姓佟氏。他是顺治帝的第三个儿子，即后来的康熙大帝。

玄烨出生在帝王之家，衣食无忧，身体强健，"朕少时，天禀甚壮，从未知有疾病。"又说："朕自幼强健，筋力颇佳，能挽十五力弓，发十三握箭，用兵临戎之事，皆所优为。"如此来讲，应该有欢乐的童年。可是事与愿违，玄烨的童年十分不幸。他一出生，就按照清朝的规定，被抱离了母亲，交由乳母、保姆、宫女等哺育和照顾，很难和父母见上一面，享受父爱和母爱。到了两三岁时，为了避痘，他又从皇宫里搬出，住到皇宫西墙外的一座宅院里。直到四五岁出痘以后，才搬回皇宫。这期间仍然由乳母、保姆、宫女等陪伴和照顾。

回到皇宫的玄烨，并没有因此而改变命运，相反却处在家庭的矛盾漩涡里。我们知道，孝庄皇太后先后为儿子顺治帝挑选了五个蒙古妃子，并将其中的二位先后册立为皇后，不过顺治帝并

不喜欢她们，而是在玄烨出生不久，迷恋上了董鄂妃，这自然引起孝庄皇太后的不满，母子关系变得紧张起来，顺治帝也因此长时间沉醉于宫廷的感情纠葛中。这样一来他不仅冷落了玄烨的母亲佟佳氏，而且也忽视了玄烨。所以在玄烨成长的 6 年时间里，顺治帝根本无心，也无暇顾及他，没有给予足够的关爱与教育。所以直到晚年，他对此事还耿耿于怀，说："世祖章皇帝（顺治帝福临）因朕幼年时，未经出痘，令保姆护视于紫禁城外，父母膝下，未得一日承欢，此朕六十年抱歉之处。"当然，童年的玄烨也曾得到父皇的称赞，有一天皇父问来到身边请安的皇二子福全、皇三子玄烨、皇五子常宁（长宁）长大之后有什么志向。皇五子常宁，当时刚 3 岁，不能回答；皇二子福全回答说："愿为贤王。"皇三子玄烨虽然年龄不大，却从容地答道："待长而效法皇父，黾勉尽力。"顺治帝听了玄烨的回答后，连连称赞他有远大的志向，对他也刮目相看。但这样的机会毕竟不多。

顺治十八年，24 岁的顺治皇帝与世长辞，这一年玄烨才 8 岁。父皇的去世，使他和他的祖母、生母痛苦万分，而作为大清朝的皇子，他还得在乾清宫给皇父守灵、默哀、祭拜、哭号。这无疑给他造成了巨大的心灵打击和精神创伤。本来幼年丧父已经很不幸了，谁知父亲刚去世两年，玄烨又"痛丧母亲"。佟佳氏去世后，玄烨作为儿子昼夜守灵，"擗踊哀号，水浆不御，哭无停声"。两年之间，父母双亡，这对一个 10 岁的孩子来说，实在可怜，从此玄烨彻底成了一个孤儿。

虽然没有得到父母的多少关爱，但是他却受到另一位关键人物的关心，这位关键人物就是他的祖母孝庄太皇太后。玄烨出宫避痘，祖母孝庄太皇太后心疼他，经常派苏麻喇姑去照料。孝庄

太皇太后鉴于对儿子福临少年时教育失败的教训，更加注重对孙儿玄烨的教育。对祖母的教育，玄烨后来回忆说："朕自幼龄学步能言时，即奉圣祖母慈训，凡饮食、动履、言语，皆有规度。虽平居独处，亦教以罔敢越轶，少不然即加督过，赖是以克有成。"又说："朕自八岁世祖皇帝殡天，十岁慈和皇太后崩逝，藐兹冲龄，音容记忆不真，未获尽孝，至今犹憾。藉圣祖母太皇太后鞠养教诲，以至成立。"

童年的玄烨除了接受祖母的家庭教育外，他还有一个重要的任务，就是接受正统的儒家思想教育。他5岁开始读书写字，除了学习满文、蒙古文之外，还要学习汉语。启蒙读物《三字经》《百家姓》《千字文》，儒家经典中的《大学》《中庸》《论语》《孟子》都是他学习的对象。他还给自己规定：每一段、每一篇，都要朗诵120遍，然后背诵120遍，直到滚瓜烂熟、融会于心。所以史书说他："自五龄后，好学不倦。"也正因为如此，他渐渐地从书中明白了许多为人处世、治理国家的道理，"幼龄读书，即知酒色之可戒，小人之宜防，所以至老无恙。"又说："朕自幼读书，于古今道理，粗能通晓。"这些知识的获得，为他后来治国、平天下做了最根本上的准备，也奠定了他成为一代伟人的基础。

《孟子·告天下》说："生于忧患，死于安乐"。人生都是这样，忧患使人痛苦，但也使人奋进，玄烨的成长经历再次验证了这个道理。

2. 荣登大宝

顺治十七年（1660年）八月，顺治帝宠爱的董鄂妃病逝后，

他雄心渐消，不理朝政，并沉迷于释道，几度产生了出家的念头。当年年底，顺治帝不幸染上天花。他预感到自己性命不保，为了大清朝的江山社稷，必须定下皇位继承人。而皇位继承人选谁呢？这又是摆在他面前的一个特别棘手而又亟待解决的问题。

顺治皇帝共有8个儿子，皇长子牛钮早死，皇二子福全9岁；皇三子玄烨8岁；余下四子年龄更小，皇八子永幹还在襁褓之中。如此小的皇子，如果继承皇位，能担负起支撑大清局面的重任吗？对此顺治帝有深切的体会，顺治初年叔父多尔衮摄政，自己年幼，导致大权旁落，自己备受胁迫，这一往事虽然已经成为过去，但想起来仍心有余悸，所以出于让幼子避免重蹈覆辙的考虑，他犹豫了。而且在他看来，他的爷爷太祖努尔哈赤和父亲太宗皇太极生前，都没有确立继承人，他们死后，汗位和皇位都是由众贝勒民主推举产生的，并没有严格规定必须父死子继。再者让年龄幼小的皇子继承皇位，能保证不出现权臣专权的局面吗？能保证自己童年的悲剧不再重演吗？有没有一个两全其美的办法，顺治帝在不断地思索着。

经过一番考虑，顺治帝作出了决定，他决定撇开自己的亲生儿子，立自己的一位堂兄——安亲王岳乐为皇位继承人。

岳乐是清太祖努尔哈赤的孙子，饶馀郡王阿巴泰的儿子。作为大清朝的一位骁勇善战的将领，他在满族入关初年，曾领兵击败张献忠农民起义军，为大清朝的建立与巩固立下了汗马功劳。而且，他还参与议政，掌管清朝的部院事务，具有丰富的军事和政治经验。

对于顺治帝的这种想法，他的母亲孝庄皇太后知道后，表示坚决反对这种舍子传兄的想法，而主张从顺治帝的诸位皇子中选

择一位皇子继承大统。至于皇位继承人的人选，孝庄皇太后已是胸有成竹，那就是她精心培养、教育多时的三阿哥玄烨。孝庄皇太后的意见得到两黄旗大臣及部分王公贵族的拥护。

当时，有一个叫汤若望的耶稣会传教士在清廷供职，顺治帝对他比较赏识。关于皇位继承人问题，他的意见直接影响了顺治帝。据《汤若望传》记载，顺治帝病重之际，曾就清廷皇位继承人的问题，也就是应当立皇子为继承人，还是应当立岳乐为继承人，派人去向汤若望征询看法。汤若望明确表态支持孝庄皇太后的选择，其中一个重要的理由，就是玄烨已经出过天花，在以后的岁月里，完全可以避免天花给他带来任何伤害，不会重蹈顺治帝遭此恶疾侵袭的覆辙。

顺治帝临终前，痘痛遍身，疼痛难忍，神志恍惚，再也无力就继承人的问题与孝庄皇太后等进行论争，或者对此再做更多更深入的考虑，默默地听从了汤若望的意见，同意了孝庄皇太后的选择，决定定皇三子玄烨为皇太子。

顺治十八年（1661年）正月初六日，他自知自己时日不多，急忙召见亲信、礼部侍郎兼翰林院掌院学士王熙入养心殿，命他草撰诏书。遗诏命三子玄烨即帝位，由四大臣索尼、苏克萨哈、遏必隆、鳌拜辅政。

顺治十八年正月初九日，皇三子玄烨正式登极，年号康熙，清朝入关后的第二位君主终于登上了政治舞台，从此中国历史翻开了新的一页。

3. 四大臣辅政

顺治十八年（1661年）正月初七夜，顺治帝福临病逝。临终

前，他指定满洲八旗中的上三旗大臣，即满洲正黄旗大臣索尼、正白旗大臣苏克萨哈、镶黄旗大臣遏必隆、镶黄旗大臣鳌拜为辅政大臣，辅佐八龄幼主康熙帝，并由孝庄皇太后掌握清朝大政方针上的决定权，确立了康熙初年不同于顺治初年的辅政政体。

出现这样的政体，是由当时清廷的实际情况决定的。一方面，当时康熙皇帝年龄小，不能理事，其祖母太皇太后乃女流之辈，不能堂而皇之地临朝听政，所以必须选择大臣辅弼幼主。另一方面，福临即位时，还不满6岁，由睿亲王多尔衮摄政，然而多尔衮利用摄政王的特殊地位，逐渐掌握了清朝的军政大权，并图谋皇位，严重威胁皇权，最后导致骨肉相残，对此深有感触的顺治帝不希望自己的悲剧在儿子身上重演，为此，他选择了大臣辅政的政体。

大臣辅政政体的确立，在清朝历史上是一个进步。我们知道，清太祖努尔哈赤死后，确立的是四大贝勒共同处理政事的制度。太宗皇太极死后确立的是睿亲王多尔衮摄政的体制，无论是天聪初年，还是顺治初年，都是爱新觉罗家族的亲王掌握最高统治权的体制。顺治帝遗命让上三旗大臣，取代宗室诸王辅政，这意味着顺、康之际，宗室诸王的权力已经大为削弱，皇权得到进一步加强。

如此一来，索尼也担心起来。在他看来，皇族的人包括皇帝的子侄势力还很大，他们当中没有一个被选为辅政大臣，他们能服气吗？为避免发生事端，索尼提出了一个折衷的办法，就是要求诸王贝勒和他们共同辅政。他说："从来国家的政务，都由宗室协理，而我等都是异姓臣子，怎能协理朝政？现在，应当与诸王贝勒共同主持国政。"诸王贝勒认为不可，说："先帝深知你们

四人的忠诚之心，所以才把国家重任托付给你们，先帝的遗诏说得很明白，谁敢干预？四位大臣你们就不必谦让了。"

诸王贝勒表明了自己的态度，索尼等人悬着的心才放了下来，就启奏皇太后，然后分别向"皇天上帝"及顺治帝的在天之灵举行宣誓仪式，索尼等四人跪在顺治帝的灵前，宣读誓词，说："先皇帝不以索尼、苏克萨哈、遏必隆、鳌拜等为庸劣，遗诏寄托，保翊幼主，索尼等宣誓：必以忠诚之心，共生死，辅佐政务，不私亲戚，不计仇怨，不听旁人及兄弟子侄教唆之言，不求无义之富贵，不与诸王贝勒私自往来，不收受其馈赠礼物，不结党营私，不受贿赂，唯以忠心仰报先皇帝大恩。如果吾等各为自己谋私，有违本誓词，上天给予惩罚，夺去寿数，遭极刑、不得好死之报。"宣誓完毕，他们正式走马上任。

那么，为什么要选择索尼、苏克萨哈、遏必隆、鳌拜辅政呢？原因很简单，一是因为索尼、苏克萨哈、遏必隆、鳌拜隶属于上三旗，索尼隶属满洲正黄旗，苏克萨哈隶属满洲正白旗，遏必隆、鳌拜隶属满洲镶黄旗，而上三旗从顺治七年起就由皇帝亲自统率，是清朝皇帝的嫡系部队。二是索尼、苏克萨哈、遏必隆、鳌拜四人在清朝开国时期都功勋卓著，其中以索尼和鳌拜功劳最大。

索尼，赫舍里氏，满洲正黄旗人。太祖努尔哈赤的时候，为一等侍卫。屡从征战。天聪初年又随皇太极攻锦州，侦敌宁远，有功。皇太极死后，睿亲王多尔衮觊觎皇位，在三官庙召见索尼，与他谈论册立之事。索尼说："先帝（皇太极）有皇子在，一定要立其中之一。这样，先帝在地下也安心了。"他又联合鳌拜、遏必隆，与摄政王多尔衮进行了长期斗争，为福临继承皇位立下了汗马功劳。顺治帝亲政后，他又累进一等伯世袭，擢内大臣，兼

议政大臣，总管内务府。

　　鳌拜，瓜尔佳氏，满洲镶黄旗人。初以巴牙喇壮达从征，屡有功。天聪八年，授牛录章京世职，任甲喇额真。崇德二年，征明皮岛，与甲喇额真准塔为前锋，渡海搏战，克敌有功，进三等梅勒章京，赐号"巴图鲁"。六年，随郑亲王济尔哈朗围锦州，冲锋陷阵，五战皆捷，大败明兵，追敌，擒斩过半，功最大，进一等，擢巴牙喇纛章京。八年，从贝勒阿巴泰等败明守关将，进薄燕京，略地山东，多斩获。凯旋后叙功，进三等昂邦章京，赉赐甚厚。顺治元年，随大兵入关。以忠勤戮力，进一等。二年，从英亲王阿济格征湖广，至安陆，破流贼李自成军。进征四川，斩张献忠于阵下遵义、夔州、茂州诸郡县。五年，坐事，夺世职。又以贝子屯齐讦告谋立肃亲王，私结盟誓，论死，诏宥之，罚锾自赎。是年，率兵驻防大同，击败叛军，克孝义。七年，复坐事，降一等阿思哈尼哈番。顺治帝亲政后，授议政大臣，累进二等公，予世袭。擢领侍卫内大臣，累加少傅兼太子太傅。

　　苏克萨哈，纳喇氏，满洲正白旗人，初授牛录额真。崇德六年，从郑亲王济尔哈朗围锦州，与明军激战，有功，授牛录章京世职，晋三等甲喇章京。顺治七年，顺治帝命追复其父亲苏纳世职，以他并袭为三等阿思哈尼哈番。寻授议政大臣，进一等，加拖沙喇哈番。他原隶属于睿亲王多尔衮，多尔衮死后，他与王府护卫詹岱等揭发多尔衮谋移驻永平诸逆状，及殡殓服色违制。因之，逐渐受到顺治帝重用。不久，擢巴牙喇纛章京。十年，孙可望寇湖广，受命与固山额真谭泰率禁旅出镇湖南，与经略洪承畴会剿。十二年，刘文秀遣其将卢明臣等分兵犯岳州、武昌，又邀击刘文秀所部，大败之。继又在常德，六战皆捷，大败刘文秀部。

叙功，晋二等精奇尼哈番，擢领侍卫内大臣，加太子太保。

遏必隆，钮祜禄氏，满洲镶黄旗人。天聪八年，袭一等昂邦章京，授侍卫，管牛录事。崇德六年，随皇太极进攻明朝，在松山建营，筑长围防守。又与内大臣锡翰等力战，败曹变蛟所部明军。论功，得优赉。七年，从饶馀贝勒阿巴泰等入长城，攻克蓟州；进兵山东，攻夏津，先登，拔之，予牛录章京世职。顺治二年，跟随顺承郡王勒克德浑杀李自成侄子李锦于武昌，拔铁门关，进二等甲喇章京。五年，兄子侍卫科普索讦其与白旗诸王有隙，设兵护门，夺世职及佐领。顺治帝亲政，遏必隆讼冤，诏复职。科普索旋获罪，以所袭图尔格二等公爵令遏必隆并袭为一等公。寻授议政大臣，擢领侍卫内大臣，累加少傅兼太子太傅。

他们四人被授以辅政之任，说明清朝最高统治者对他们相当信任，寄予厚望，希望通过他们辅佐政务，使大清朝的江山得以巩固，大清的基业得以发展，年幼皇帝也能在其成长过程中，通过听政学习而不断提高自己的治国能力。

值得指出，清朝在确立了四位大臣辅政的体制的同时，还规定了四辅臣"凡欲奏事，共同启奏"的原则，就是说四辅臣在处理政务时，必须一起研究，共同向太皇太后和皇帝请示，而不得个人擅做主张，独自行事。尽管如此，由于没有采取相应的措施，设置对辅臣权力进行监督的机构，严格行使监督辅臣的权力，所以辅臣擅权的现象还是出现了。

顺治帝遗命四位大臣辅政，也就是辅弼幼主处理政务，那么辅政期间，四位辅政大臣有什么作为呢？

客观地说，四位大臣辅政期间还是有功的。政治上他们继承了多尔衮、顺治时期的方针政策，纠正了顺治帝统治时期的一些

失误。政治上重视少数民族事务，提高理藩院的地位；广泛采取措施，加强与蒙古贵族的联盟；取消十三衙门，恢复内务府，等等。经济上，关注民生，体察百姓生活之艰难，救济被灾地区百姓。最值得称道的是蠲免钱粮，康熙三年六月，据统计，自顺治元年至十七年，直隶各省拖欠银共2700余万两、米7000万石，药材共19万斤，绸、绢、布匹等9万余匹。为解百姓之苦，遂决定将顺治元年至十五年以前所欠的银、米、药材、绸、绢、布匹等"悉予蠲免"。军事上，继续与南明作战，顺治十八年末，俘获永历帝，消灭了南明政权。康熙三年（1664年）十月，又消灭了川楚边界的夔东十三家军，统一了祖国大陆。对盘踞台湾的郑氏政权，则采取以抚为主、以攻为辅的策略，大大地削弱了它的实力，为以后清朝统一台湾创造了条件。

当然，四位大臣辅政期间也有过失之处。一是颁布逃人法。明清战争中，清军掳掠了大批的关内、关外汉人，他们被分配给满洲贵族及官员，成为他们的奴仆或农奴，从事各种繁重劳役，备受压迫，遭受非人的待遇。清军入关后，这些人也随"主人"入关。为反抗"主人"的压迫，他们纷纷逃亡。当时的逃人中，还包括清朝入关后被强迫为奴的大批汉人，也就是投充奴婢，此外，还有被卖为奴的良民百姓，和被贬为奴的罪人及其家属，等等。为了阻止奴仆的逃亡，保护八旗贵族的既得利益不受损失，清朝统治者制定了逃人法，大力追捕逃人，并严惩窝藏逃人的人，致使众多平民百姓深受其害，使本来就不融洽的满汉关系雪上加霜，在社会上引起很大震动。对此，辅政大臣没有采取措施，调整政策，解决这一社会危机，而是简单地广泛株连，一味惩治。

二是接连制造大案，对江南汉族地主、士绅，进行打击。顺

治十八年二月，江苏吴县诸生金人瑞等，以哀悼顺治帝去世为名，聚众到孔庙"哭临"，并向江苏巡抚朱国治控告知县征收钱粮时贪赃枉法。结果惨遭镇压，金人瑞等被逮捕，制造了轰动一时的哭庙案。同年六月的奏销案中，被清廷惩处的江南地区，即苏州、松江、常州、镇江四府拖欠钱粮的地主、士绅达13000余人，他们有的被革去功名，有的被降级调用。与奏销案同时，清朝统治者还制造了通海案，郑成功攻打南京时，起而响应的长江沿岸的地主、士绅中，有很多人遭受诛戮，有的则被流放。康熙元年（1662年）的庄廷鑨明史案，又有许多人被清廷处死或者流放。

三是变更中枢机构，压抑汉族官僚。辅政期间，他们撤销了顺治时期成立的内阁，恢复内三院。翰林院是顺治时期设立的机构，其目的在于加强皇权，并使汉族官员进一步发挥作用，而辅政大臣却将这一机构撤销了，以削弱汉官权力。顺治十五年（1658年），清朝将满汉官员品级划一，终止了同品级满族官员高于汉官的制度，可是辅政大臣却将满族官员的品级再次提高，使满汉官员重新处于不平等地位。辅政大臣的这些作为，可以说是历史的倒退，他们的目的是尽可能地将大权集中在自己手中，使汉族官员的权力相对缩小，这势必大大挫伤汉族官员的积极性，引起满汉官员之间矛盾的加剧，为满汉关系蒙上阴影。

不过，以上的问题并不特别重要，重要的是皇权受到了威胁。四辅臣辅政初期，尚能保持和衷共济，共同决策，朝廷内外倒也相安无事。但这一局面并没有维持下去，很快被阴谋夺权的鳌拜破坏了。

四位辅臣中，索尼资格最老，居辅臣首位，鳌拜不敢和他争锋。位居第三的遏必隆与鳌拜同属一旗，遇事随声附和，处处退

让，逐渐成为鳌拜的死党。位居第二的苏克萨哈，与鳌拜是儿女亲家，但是苏克萨哈为人耿直，遇事经常同鳌拜争论，进而发展为争吵，遂结下了深仇。所以鳌拜把苏克萨哈列为重点打击对象，蓄意挑起了一场流血事件，这就是康熙五年的圈换地事件。

这一事件中，康熙帝的意见没有起任何作用，最后大学士苏纳海、督抚大员朱昌祚、王登联三人被处死，鳌拜圈换地获得成功，事件以鳌拜的胜利而结束。这无疑是向清朝的大臣们发出了一个信号，大清国的权力是掌握在鳌拜等人的手里，辅臣的权力大于皇帝的权力，皇帝不过是一个傀儡。就康熙帝而言，从这一事件中，他也认识到鳌拜已经开始走向专权，预感到了皇权的危机。

俗话说"卧榻之旁岂容他人酣睡"，鳌拜的行径已经使太皇太后和康熙帝认识到皇权受到了威胁，是该想办法解决皇权危机的时候了。

4. 大婚与亲政

婚娶是每个人生活中的一件大事，俗话说"男大当婚，女大当嫁"，这是一个亘古不变的生活准则。在民间，男子结婚早一点或者晚一点，可能没有什么大的影响，但在皇家尤其是天子就不一样了，至于少年天子就更不一样了，因为这里面蕴含着丰富的内涵。

纵观中国历史，皇帝成婚，不仅同他本人，而且与其朝政，有着密切关系。

我们知道，顺治帝临终时遗命索尼、苏克萨哈、遏必隆、鳌拜四位大臣辅政，为了表示同心协力辅佐幼主，他们还在顺治帝

的灵位前立下重誓，表示：竭尽忠诚，同生共死，不私亲戚，不计怨仇，不结党羽，不受贿赂，唯以忠心，仰报先皇帝大恩。可是，时间不长，他们四个人就出现了分歧。

四位辅臣中，索尼是正黄旗人，遏必隆和鳌拜是镶黄旗人，苏克萨哈为正白旗人。由于历史的原因，两黄旗与两白旗之间，一直存在着对立情绪。因此，隶属于两黄旗的索尼、遏必隆和鳌拜，与苏克萨哈貌合神离，关系并不融洽。索尼历事太祖、太宗、世祖，是前三朝的元老，在四人当中资历最深，居于首位，但他年老体衰，精力不济，在朝廷中发挥的作用已大打折扣，受到很大的限制。鳌拜年富力强，虽然排在末位，却是一个很有权力欲、又十分能干的人。遏必隆与鳌拜同旗，他对鳌拜毕恭毕敬，事事都顺从鳌拜。这样一来，不愿完全附和鳌拜的苏克萨哈就处于孤立的地位，尽管他已经与鳌拜结为儿女亲家，但二人之间的矛盾却日趋尖锐。

与四位辅臣联盟不断瓦解相伴随，辅政体制的弊端，也逐渐地暴露出来。由于玄烨年幼，孝庄太皇太后虽然是大政方针的最后决断者，但辅臣有权直接处理一切政务，有权在题奏本章上面标写处理意见，甚至代替皇帝写朱批。而对此清朝又没有一定的监督机制进行约束，所以辅臣们的所作所为，特别是鳌拜的专权行径，逐渐构成对皇权的潜在威胁，爱新觉罗家族的江山受到很大的影响。

在这一历史背景下，成婚，对少年天子康熙帝来说，其意义就非同寻常了。一方面表明他已经成年，另一方面表明他可以决策国家的大事了，辅政大臣应该开始把权力移交给皇帝了。而且这时的康熙帝已经今非昔比，有了管理国家的能力，再加上孝庄

太皇太后的辅佐，就更是如虎添翼。

出于这样的考虑，孝庄太皇太后急于让幼孙尽早举行大婚典礼，以便从根本上遏制鳌拜势力的进一步发展。

那么，与康熙帝举行大婚的准皇后又是谁呢？对于皇后的人选，孝庄太皇太后已经心中有数。我们知道，作为母仪天下的皇后，负责主持后宫，其位置至关重要，谁当上了皇后，就意味着谁取得了除皇帝以外的最高权力和地位。因此，有条件的权臣亲贵们，莫不望眼欲穿，莫不竭尽全力为自家女儿谋取这一荣誉而奔走呼号。

当时康熙帝后位的竞争，主要是在索尼的孙女赫舍里氏与遏必隆之女钮祜禄氏之间进行。四位辅臣中的索尼，希望立自己的孙女为皇后，鳌拜、遏必隆以及苏克萨哈则为另一派，他们坚决主张立遏必隆之女钮祜禄氏为皇后。对此，在宫廷斗争中成长起来的孝庄太皇太后权衡利弊，毅然决定立赫舍里氏为后，同时将钮祜禄氏也纳入宫中，这一方面可以防止代表镶黄旗的鳌拜集团势力的进一步扩大，另一方面也可以拉拢正黄旗老臣索尼及其家族，分化两黄旗，达到加强皇权的目的。孝庄太皇太后的决定引起遏必隆与鳌拜的不满，他们在得知消息后，立即入宫，加以阻挠，并在私下里大发牢骚，表示不满，但已无济于事。

康熙四年（1665年）九月初八日，遵照祖母慈旨，康熙帝与赫舍里氏在紫禁城的坤宁宫内举行了大婚典礼。坤宁宫，是清代皇帝举行大婚典礼的地方，顺治帝福临的大婚典礼，就曾在这里举行。

结婚是人生的一件大事，平民百姓结婚还要举行一个结婚仪式，作为封建皇帝，其大婚的仪式就更要举行，而且要办得隆重，

显示出皇家的气派。所以，大婚前夕，礼部做了周密的安排，对于举行合卺礼的地点，他们奏报孝庄太皇太后说：坤宁宫七间，"北座向南，本年均吉。即隔首间、次间，于五间之中间合卺吉。"孝庄阅后下达懿旨："中间合卺，因与神幔甚近，首间、次间虽然间隔，尚是中宫之正间内北炕，吉。两旁间既非正间，均不可用。"于是，康熙帝同皇后便在祖母精心选定的房间内举行了合卺礼。

康熙帝大婚，标志着他已经长大成人，再也不是一个没有发言权的幼童，而是一位即将亲政、总揽朝纲的年轻皇帝了。不久，他便开始直接处理政务，从而进一步加强了他与满汉大臣之间的联系，密切了他们之间的君臣关系。这无疑对鳌拜等人的专权构成了威胁，使他们有所顾忌，不敢公开为所欲为。这种情况的出现，是鳌拜等人不愿看到，也不能置之不理的，于是他们加快了结党营私、排除异己、专权干政的步伐。终于在康熙五年（1666）发生了圈换土地事件，这一事件直接引起康熙帝亲政的话题。

事情是这样的。清朝入关初年，在京畿地区曾大规模圈占土地，按照八旗左右翼的顺序分给八旗将士。摄政王多尔衮出于私心，竟将镶黄旗应当分得的好地，强行分给他所掌握的正白旗，而把保定府、河间府、涿州等处的贫瘠土地分给镶黄旗。镶黄旗为上三旗之一，归皇帝直管，地位高于正白旗，多尔衮这么做，已经不公平。慑于多尔衮的权势，镶黄旗的将士敢怒而不敢言，只好同意。不过已经种下了仇恨的种子。

俗话说"三十年河东三十年河西"，一晃20多年过去了，这时多尔衮早已作古，镶黄旗的鳌拜掌握了清朝大权，他旧事重提，要报当年本旗被压之仇，更重要的是他要以此为突破口打击苏克

萨哈。于是康熙五年正月，他命大学士户部尚书苏纳海、侍郎雷虎会同直隶总督朱昌祚、直隶巡抚王登联"酌议圈换"。索尼一向厌恶苏克萨哈，支持鳌拜的意见，遏必隆也附和鳌拜。

鳌拜的无理要求，在朝内朝外引起轩然大波。朝外，镶黄旗和正白旗旗民已经安居多年，不愿意举家迁移，他们群情激愤，抵制换地。朝内苏克萨哈与鳌拜激烈抗争，部分朝臣如大学士苏纳海、督抚大员朱昌祚、王登联等人也表示反对圈换土地。对此，鳌拜，采取坚决镇压的手段，他一意孤行，假传康熙帝的旨意，下令将苏纳海、朱昌祚、王登联等人逮捕入狱，与他们有牵连的一批官员或被革职，或被降级，经刑部审理，朱昌祚等三人被鞭100，籍没家产。康熙帝知道此事后，立即召见四辅臣，询问情况，以求息事宁人。可是四辅臣中除苏克萨哈外，其他三位都坚持将苏纳海等人处死。康熙帝始终不同意，然而，鳌拜等人置康熙帝的意见于不顾，将苏纳海等三人以"不愿迁移，迟延藐旨"的罪名，矫旨处死，并籍没家产。处死苏纳海等三人后，鳌拜强行换地。

这一事件造成了极其恶劣的影响，在朝外众多汉族百姓因土地被圈占而流离失所，进而加剧了满汉之间的民族矛盾，同时也给两旗旗民造成了深重的灾难，加剧了镶黄旗和正白旗旗民之间的矛盾。在朝内统治阶级内部的矛盾也进一步激化，不少廷臣对鳌拜这种独断专行、目无君主的做法，表示强烈不满。出于加强皇权的考虑，他们纷纷主张康熙帝亲政。

康熙五年（1666年）八月，刑科给事中张维赤，首次上疏，请求康熙帝亲理朝政。他在奏疏中说："伏念世祖章皇帝，于顺治八年亲政，年登一十四岁。今皇上即位六年，齿正相符，乞择

吉亲政。"就是说要求康熙帝援引顺治帝14岁亲政的旧例亲政，这是理所当然的。对此，鳌拜虽然内心极不情愿，但又不得不做出同意的姿态。

对此建议，康熙帝表示同意。康熙六年（1667）三月，以身染重疴的索尼为首的四辅臣一致上奏，"请皇上亲政"。于是，14岁的康熙帝便率领辅臣往奏太皇太后。太皇太后便顺水推舟，同意奏请，令康熙帝择日亲政。

对康熙帝亲政，礼部卜定的"吉日"是康熙六年七月初七日。这天，康熙帝身着龙袍，在一片礼乐声中，登上太和殿，全体宗室王公和满汉文武大臣，都上表行庆贺礼。康熙帝终于"躬亲大政"。与此同时，康熙帝还诏告天下，说："朕以冲龄，嗣登大宝。辅政臣索尼、苏克萨哈、遏必隆、鳌拜，谨遵皇考世祖章皇帝遗诏，辅理政务，殚心效力，七年于兹。今屡次奏请，朕承太皇太后之命，躬理万几。惟天地祖宗付托至重。海内臣庶，望治方殷。朕以凉德，夙夜祗惧。天下至大，政务至繁，非朕躬所能独理。宣力分猷，仍惟辅政臣、诸王、贝勒、内外文武大小各官是赖。务各殚忠尽职，洁己爱民，任怨任劳，不得辞避。天下利弊，必以上闻，朝廷德意，期于下究。庶政举民安，早臻平治。凡我军民，宜仰体朕心，务本兴行，乐业安生，以迓休宁之庆。于戏，政在养民，敢虚天地生成之德。时当亲政，恒念祖宗爱育之心。布告天下，咸使闻知。"

从这份诏书来看，康熙帝提出了自己的为政宗旨，就是"政在养民"，他希望包括四辅臣在内的所有官员，"殚忠尽职，洁己爱民，任怨任劳"，军民百姓"仰体朕心，务本具行，乐业安生"，从而达到"政举民安，早臻平治"的目的。

亲政，是康熙帝彻底排除威胁皇权的潜在危险，真正掌握清朝大权的重要步骤，在康熙帝的人生中具有划时代的意义。康熙帝亲政三个月后，索尼病故，鳌拜实际上成为首席辅臣，随着地位的升高，他的僭越之心更加暴露无遗。中国古代相权威胁君权的现象在康熙帝身上再次体现出来，这是康熙帝所不能容忍的。他要亲理政事，决不允许任何人凌驾于皇权之上，已为当务之急，刻不容缓。

山雨欲来风满楼，一场君臣之间的生死较量，已经为时不远了。

二、皇权独揽

1. 智除鳌拜

康熙六年（1667年）七月，康熙帝躬亲大政。这时索尼已经去世，辅臣中只剩下苏克萨哈、遏必隆和鳌拜。考虑到自己年幼，还不足以驾驭全局，所以康熙皇帝在亲政诏书里仍然把三辅臣列在诸王贝勒之前，让他们"仍行佐理"如故。并在亲政后的第四天，宣布给苏克萨哈等三人加恩，且命议政王、贝勒、大臣、及九卿科道官员商议，随后向他汇报。

议政王、贝勒、大臣，及九卿科道官员还没来得及商议，苏克萨哈就上了一道引退的奏疏，说自己近一二年以来，身体不好，不能"始终效力于皇上之前"，现在，皇上已经亲政，自己应该引退，而且引退对自己是有好处的，可以"如线余息，得以全生"。

很显然，苏克萨哈的引退是针对鳌拜的。从圈换地事件中，苏克萨哈已经认识到鳌拜专权的野心不可能停止，自己已经与鳌拜结仇，势同水火，作为辅臣继续辅政，势必与鳌拜再起冲突，这是相当危险的，倒不如急流勇退，避开鳌拜，免被他所害。

苏克萨哈的这一招不失为明智之举，然而，他万万没有料到

他的引退之举，竟然给自己招来了杀身之祸。本来鳌拜就想除掉苏克萨哈，可是一直没有机会。这次他终于在苏克萨哈的奏疏中抓住了把柄，针对苏克萨哈的"如线余息，得以全生"这句话，他大做文章，以康熙帝的名义下旨责问说："不识有何逼迫之处？在此何以不得生，守陵何以得生？"随后勾结班布尔善诬陷苏克萨哈对皇上不满，不欲归政，共罗织了24条罪状，以"大逆"论处，与他的长子内大臣查克丹处以磔刑，其他儿子6人、孙子一人、其兄弟之子2人都被处斩，没收财产；其族人前锋统领白尔赫图、侍卫乌尔巴、额尔德都处斩；二等侍卫占布桂等37人受牵连被革职，降为兵丁；王府长史尼毡也被革职，降为兵丁。

如此判决，明眼人一看就知道鳌拜的意图是醉翁之意不在酒。所以当他们拿着判决奏请康熙帝批准的时候，康熙帝坚决不同意。康熙帝的态度使鳌拜异常恼怒，他不顾君臣礼节，在康熙帝面前挥舞着胳膊，强行辩白了多日，大有逼迫康熙帝同意的架势。慑于鳌拜的威吓，年轻的康熙皇帝被迫同意了鳌拜等人的奏请，只是将对苏克萨哈的磔刑改为绞刑。

除掉了苏克萨哈，鳌拜终于独掌辅政大权，实力进一步扩大，朝中大臣都依附到鳌拜的门下。"文武各官，尽出门下"，他的亲信更是把持了中央的各个要害部门，形成一股很大的政治势力，左右着大清的朝政。鳌拜本人更是肆无忌惮，"欺君擅权"，公然抗旨，拦截奏章，一切政事，先在家中议定。他还打击不肯依附于自己的官员，随意斥责部院大臣，在康熙帝面前"施威震众"。科道官向康熙帝奏报朝中事，他多次要求康熙帝禁止，唯恐涉及他和他的亲信。对官员，凡是依附他的就提拔，不肯依附他的就打击，等等，专权达到了无以复加的地步。刚刚亲政的康熙帝势

单力孤，面对鳌拜，唯有让步、迁就、屈从，满足鳌拜对权力的贪欲。

对鳌拜的专权，太皇太后已有觉察，可是，她对这位效忠自己多年的老臣，仍然抱着宽容的态度，希望他能明智地将手中的权力交到亲政的皇帝手中，实现权力的和平交接，保全自己已经获得的荣耀，安度晚年。然而事与愿违，鳌拜在干政擅权的路上，像脱缰的野马，失去了控制，越走越远。这使太皇太后不得不作出决断，支持孙儿康熙帝，拟定清除鳌拜集团的计划。

鉴于朝中的大多臣子，连同宫中侍卫大都是鳌拜安插的，所以，康熙帝对擒拿鳌拜作了周密的部署。康熙帝亲政前后，他的身边已经陆续聚集了一批年轻的满族贵族成员，这些成员锐意向上，充满朝气。索尼之子索额图，便是其中的领袖人物。在康熙帝授意下，索额图秘密组织了一支少年卫队，他们训练有素，善于扑击，明里以"布库戏"为名，陪康熙帝玩"角力"游戏，实际上是在等待机会，清除鳌拜。为了麻痹鳌拜，康熙帝故意在他面前，同这些少年滚打在一起，表示自己无意于朝政。起初鳌拜还表示怀疑，在暗中进行监视，可是观察了一阵，也没有发现破绽，于是警觉之心渐渐地放了下来，不再理会。

为了最大限度地减少动荡和不必要损失，稳妥、彻底地解决问题，康熙帝在清除鳌拜前夕，将其部分亲信党羽，如济世、吴格塞、迈音达等人，先后遣往外地办事，以分散其力量。

万事俱备，只欠东风，一切准备就绪后，康熙帝终于迈出最后，也是最为关键性的一步。康熙八年（1669年）五月十六日，他召集众少年，授以密计。在部署完后，他派人召鳌拜进宫议事。不可一世的鳌拜，像平常一样，毫无戒备，只身前来。待其进入

宫门，康熙帝一声令下，众少年蜂拥而上，围住了鳌拜，有的拧胳膊，有的拖大腿。鳌拜虽然是武将出身，力气也大，可是这些少年人多，又都是练过摔跤的，鳌拜又猝不及防，所以敌不过他们，一下子就被打翻在地。任凭他大声叫喊，也没有人搭救他。随后，康熙帝令议政王等对鳌拜严加审讯，同时将鳌拜的党羽陆续逮捕归案。

俗话说"擒贼先擒王"，鳌拜被逮，其亲信党羽束手就擒，以鳌拜为首的庞大集团顷刻间土崩瓦解。

清除鳌拜集团后，康熙帝便开始对他们进行清算。根据康熙帝的旨意，和硕康亲王杰书等议政王对鳌拜等人进行了审讯，议定鳌拜犯有30条罪状，命革去一切职务，立斩处死，其亲子、兄弟亦应斩首，妻子及孙子为奴，没收家产；其族人，有官职和在护军的，一律革退，各鞭一百，披甲当差。遏必隆犯有14条罪状，着革职，立绞处死；未分家之子及其妻为奴，其子所袭之公爵，另选族人承袭；其族人有官职和在护军的，一律革退，披甲当差。班布尔善，犯有21条罪状，着革职、立斩，因系宗室，从轻处罚。此外，鳌拜的其他亲信党羽也受到了应有的惩罚。

当议定的判决结果奏请康熙帝批准时，康熙帝则给予宽大处理。作为首犯的鳌拜，康熙帝不忍心将他处死，只给他革职，抄没家产、本人拘禁的处罚；遏必隆则因为没有结党，免予处分，只革去太师及公爵爵位。其他人能从轻处罚的都从轻处罚。

清除鳌拜集团意义重大，它宣告了辅政体制的终结，消除了严重威胁皇权的潜在因素，康熙帝从后台走向前台，真正掌握了清朝大权，成为清朝历史舞台上的主角，一个新的时代就此开始了，"康乾盛世"的序幕拉开了。

2. 平吴三桂诸藩之乱

吴三桂诸藩之乱，实际就是史书中常说的"三藩之乱"，这一叛乱的发生，与清朝初期分封异姓王有很大的关系。所以，在这里有必要追溯一下清朝分封异姓王的历史。

在中国封建社会中，为了统治的需要和恩遇宗室，往往分封许多王，不过这些王中大部分为同姓宗室，异姓王比较少见。然而，这一点清朝是个例外。天聪年间，清朝（后金）处于开创建国时期，当时有部分明朝将官投靠后金，天聪七年明朝将官孔有德、耿仲明首先渡海投降后金，天聪八年，尚可喜又率兵略定长山诸岛来降。为使他们死心塌地地为后金卖命，皇太极对他们许以高官厚禄。天聪十年（1636）四月，皇太极去汗号，正式即帝位，改国号为大清，改元崇德。并大批封赏功臣，给予亲王以下各等次的爵位。封孔有德为恭顺王、耿仲明为怀顺王、尚可喜为智顺王，时称"三顺王"。在汉官当中，这是最高的爵赏，仅比宗室中的亲王爵位低一级，从而开了清朝封异姓为王的先河。

顺治元年（1644），清军决定进关，走到半道，便遇见明朝驻山海关总兵吴三桂派来的求兵使节，并报知明朝已经被李自成农民军推翻。众所周知，山海关形势险要，是关外通向关内的重要通道。皇太极统治时期，曾多次派兵西征，与明朝在辽西战场上争夺，试图打通这一进兵关内的通道，然而都因为明朝在辽西层层布防和山海关的阻隔，而不能成功，只好采取"伐大树"的策略，越长城，进入冀、鲁、晋地区，进行骚扰战，攻城掳掠，蹂躏明朝的京畿重地，然后带着掳掠的人户和财货匆匆而返。见吴三桂派使节求救，清军统帅多尔衮暗暗高兴，多年来梦寐以求的

愿望就要实现了。于是，急于进关的清军便在多尔衮的率领下，立即改变行军路线，进兵山海关。

山海关一战，李自成农民军失败，清军在吴三桂的带领下急速进关，追击李自成农民军。清军进入北京，吴三桂则继续奉命追击李自成农民军，一直追到望都。清军进入北京，迅即接管了国家政权。为奖赏吴三桂引清军入关和追剿李自成农民军的功劳，顺治元年（1644）山海关之战一结束，清朝就封吴三桂为平西王。顺治六年（1649）五月，清朝改封孔有德为定南王，耿仲明为靖南王，尚可喜为平南王。至此清朝已经分封了四个异姓王。

随着清朝在全国军事征服的展开，平西王吴三桂、定南王孔有德、靖南王耿仲明、平南王尚可喜各率兵出征，为清朝东征西杀。顺治六年靖南王耿仲明与尚可喜进军广东，因部属隐匿逃人，畏罪自杀，其王爵由其子耿继茂袭封。顺治七年十二月，尚、耿攻克广州，孔有德进军广西，夺占桂林。顺治九年，广西桂林一战，孔有德兵败自杀，因无子袭封，爵除，其部众仍驻戍广西，由其女婿孙延龄奉朝廷命令加以统领。由此四藩变成了三藩。顺治十五年（1658年）二月，吴三桂从汉中出兵，经四川，入贵州、云南。同年，取贵州。第二年正月，占领云南昆明。南疆基本安定下来以后，考虑到这里情况复杂，自然环境险恶，生活条件艰苦，加之气候炎热潮湿，满洲与蒙古八旗不宜驻防，朝廷便决定将"三王"留镇此地。顺治十六年三月，清朝令平西王吴三桂镇守云贵，平南王尚可喜镇守广东。靖南王耿继茂驻地前后有变动，十七年七月，改命靖南王耿继茂率所部及家口移驻福建。康熙十年（1671）耿继茂死，其子耿精忠袭封。吴、耿、尚三王驻镇地就这样确定下来，"三藩"及其封地的基本格局已经形成。

从顺治帝到康熙帝继位初辅臣执政的六年间，清朝一直实行笼络"三王"的政策。授予他们兵权，让他们掌握实力强大的军队，负有出征的指挥权；授予他们财产、钱粮、兵饷的支配权，还有民政权、地方兴革的管理权以及当地官员考核、甄别、荐举、弹劾、罢斥的任免权及赏罚权等等。凡地方上的一切事务，他们均有裁决权，连本省的督抚大员也置于他们的各自监督之下。而且朝廷还规定，在他们行使权力时，中央"内外各衙门不得掣肘"。他们只对皇帝负责，"遵奉"皇帝的旨意行事。中央各部门对他们要办的事只是履行必要的手续，而不能干涉，更不许随便阻止。

与此同时，清朝还从婚姻上对三藩进行笼络，将公主和宗室女下嫁给藩王之子。顺治十年（1653年）八月，将恪纯长公主许配给吴三桂之子吴应熊，称和硕额驸，赐居京师。尚可喜之子尚之隆、耿继茂之子、耿昭忠等都与皇室结亲，成为大清王朝的额驸。后来，尚之隆之女又嫁给康熙帝幼弟和硕纯亲王隆禧，做了隆禧的嫡福晋。"三藩"之间也互相结亲，尚可喜的孙女嫁给了耿家为妇。通过这种特殊关系，"三藩"与清朝皇室及"三藩"之间的利害便联结在了一起。

就清朝笼络"三藩"所采取的措施而言，无可厚非。这是清朝统治者在非常时期采取的正确选择。清朝入关后，八旗兵力明显不足，八旗军既要从事征讨，又要承担驻戍重任，已经力不从心，捉襟见肘。为了改变这种局面，清朝统治者借鉴古代其他少数民族的统治经验，大胆地采取以汉制汉的政策。除将新投降过来的明朝降军进行改编，建立绿营军队外，更多的是依靠早先投降清朝的"三藩"军队。因为他们在追剿农民军和南明军队的战

争中，与八旗军队并肩出力，经受过了战火的考验，是一支完全可以信赖的力量。而且南方诸省作为反清势力的根据地，长期以来与清朝处于对立状态，兵戎相见，让吴三桂等藩王镇守南方，真可谓一举两得，坐收渔人之利。

不过，任何一种政策不可能一劳永逸、尽善尽美，时间一长，就显现出它的不足和缺陷。清朝初期实行的重用藩王，依靠他们对南方进行统治的政策，固然为清朝征服南方、维护当地的统治秩序做出了应有的贡献，但是，随着时间的推移，它的不足日渐暴露出来。藩王们凭借手中的武装和清朝给予的各种特权，在地方上为所欲为。经济上他们巧取豪夺，尚可喜在广东私设征收苛捐杂税的"总店"，连日用鸡豚及蔬菜水果等不税之物，也一概加倍抽税，其他如铜、铁、锡、木材等，除按规定缴税外，又加私抽税，"凡米谷鱼盐，刍荛布帛之属，市侩侵渔，利归王府。"广东有通海之便，尚藩又大搞海上私贩，牟取巨利。"藩府之富，几甲天下"。福建盛产鱼盐，其"利为天下最"，耿藩便"横征盐课"，逐户"勒索银米"，掠取大量财富，还利用海运之便，自坏中央关于海禁的命令，与荷兰及东南亚各地大搞走私贸易，无所顾忌。吴藩则通过圈地的办法，掠夺民地，给当地本已穷困的百姓带来了新的灾难。康熙七年（1668），云南巡抚袁懋功不得已出面为民请命："滇服极薄，百姓极贫，今一旦驱往别境，穷困颠连，不可尽状。"由于朝廷干预，吴藩被迫停止圈地。但他仍以放牧、狩猎为由，强行征用民地，夺其产业。尤其突出的是吴藩还"按地加粮"，致使"播虐万状，民不胜苦，废田园转沟壑者，已过半矣"。又垄断省内矿产的开采和盐业税收，使利润源源不断地进入他的府库，还非法放高利贷，向经商或从事其他行业者放贷，

称"藩本",以取高额利息获大利,等等,不胜枚举。而且藩王们可以不受户部的限制,随意用钱。康熙五年,左都御史王熙指出:"直省钱粮,半为云贵、湖广兵饷所耗。就云贵言,藩下官兵岁需俸饷三百余万,本省赋税不足供什一(十分之一),势难经久。"所以说"天下财赋,半耗于三藩",并非虚语。这一切造成了清政府的财政开支的紧张。政治上他们凭借享有的特权,监督当地的总督、巡抚等官。特别是吴三桂,还可以题授云贵两省官员,俗称"西选"。这一切都极大地削弱了中央政府的权力,形成了对清朝中央政府的一种离心力,从而威胁到清朝的统治。

所以,顺治年间,有些大臣已经指出了吴三桂等人的跋扈行径,像湖广道御史郝浴就曾上疏密奏朝廷,弹劾吴三桂。康熙初年,左都御史王熙以全国赋税收入多半耗于云贵闽广军饷,要求裁汰藩下余丁,遣散屯种。还有官员说,藩下官兵既不参与地方汛防,也不承担杂项差拨,地方失事,藩下可置之度外,但一切钱粮待遇却一点也不能少,这与国家养兵本意相背。这些意见,归纳起来,就是要求清朝对吴三桂等藩下势力加以控制,并逐渐削减其兵力。

对此,亲政后的康熙帝深有感触,于是,便开始着手限制藩王的权力。康熙六年(1667)五月,吴三桂借患眼病,疏辞总管云贵两省事务。这本来是一种姿态,不料康熙帝顺水推舟,很快就允准了。于是,吴三桂的亲信们便纷纷出马,为吴三桂请命,要求康熙帝收回成命,好像吴三桂不总管云贵两省,防剿就会失宜,边疆就不得安宁。刚刚亲政的康熙帝,尽管感到吴三桂压人的气势,但他年轻气盛,不为所动,仍然坚持原议,并一不做二不休,将吴三桂等原有的题补两省大小文官的权力也一并收归中

央政府。而且还下令每年由户部拨调到诸藩下的粮饷，也作出数额上的限制，以此促使诸藩裁减额兵。

翌年（1668）正月，在朝廷和吴三桂之间又发生了一件事。当时，九卿科道各官会推云南巡抚，决定以原任南赣巡抚林天擎补缺。按照以往的惯例，只要经过会推，皇帝一般很少有异议。可是，这次大出众人意料，康熙帝不同意九卿科道各官的会推结果，他认为林天擎能够推正缺，是有人在暗中操纵。于是他颁下圣旨，说："林天擎系平西王下人员，现在王住云南，林天擎不应推此缺"，否定了九卿科道官的会推。

俗话说："飞鸟尽，良弓藏；狡兔死，走狗烹。"对清朝不放心藩王，有的藩王已经有所预感，并开始作交权的准备。最先走出这一步的是平南王尚可喜，顺治十二年十月，尚可喜以自己积劳多病、子女众多为由，提出将山东兖州"故明鲁王虚悬地亩，拨给耕作"，或者在辽东"旧地筑居安插"。结果清廷以"王图安根本，情理允协，但粤东尚未宁谧，靖南方在出师，两藩同功一体，难以独议，迁移应俟承平，一并另议"为由加以拒绝。康熙十年（1671），尚可喜上疏康熙帝，以自己年老有疾，"航海归命以来，效力封疆三十九年，南方边地一有缓急，恐难卧理"为由，请求交出兵权，由世子尚之信回粤暂管军务。康熙帝仍然没有批准。

直到康熙十二年，事情才有转机。这一年尚可喜又上疏，说："臣受命镇粤以来，家口日繁。顺治十二年曾具疏请谢兵柄，部臣以地方未宁，俟后议。方今四海升平，臣年已七十，精力就衰，正退耕垄亩之日。伏念太宗皇帝时曾赐臣以辽东海州及清阳堡等地。今乞准臣仍归辽东安插"，"愿归老辽东，有旧赐地亩房舍，

乞仍赐给。臣量带两佐领甲兵并藩下闲丁、孤寡老弱,共四千三百九十四家,计男妇二万四千三百七十五名口。其归途夫役口粮,请敕部拨给。"对此,康熙帝表示赞赏,说:"王自航海归诚,效力累朝,镇守粤东,宣劳岁久,览奏年已七十,欲归辽东,情词恳切,具见恭谨,能知大体,朕心深为嘉悦。今广东已经底定,王下官兵家口,作何迁移安插,议政王大臣等会同户兵二部确议具奏。"不久,康熙帝就批准了尚可喜的请求。

尚可喜之所以请求引退,固然有其个人的原因,但其谋士金光的一席话对他的影响也不可低估。金光曾对尚可喜说:"王已位极人臣,恩宠无以复加。树大招风,朝廷对王很不放心,历来外姓封王没有能长久的。莫如交出兵权,回辽东养老。"正是在金光的劝说下,尚可喜作出了激流引退的决定。

正所谓"一石激起千层浪",尚可喜作出撤藩的决定,并被朝廷批准,这在诸藩王中,就像一颗重磅炸弹,引起了巨大的震动。吴三桂、耿精忠明显地感到来自外界的压力,虽然不情愿,但是样子还是要做得。为了试探朝廷的态度,七月三日吴三桂上疏,请求愿仿尚氏解权,回辽东告老。七月九日耿精忠也上疏提出了大体一致的意见。针对他们的请求,康熙帝马上将其交给议政王大臣们讨论。对于耿精忠,议政王大臣们没有多少意见,头一次会议讨论,就同意撤藩。

可对吴三桂却费尽周折。这是因为在三个藩王中,吴三桂的势力最大,其野心也暴露得最为明显。他镇兵滇黔,养精蓄锐。若有反复,必影响到清朝南疆的安危。所以,七月的会议上,多数大臣主张慰留三桂,仍让他主持云贵事务。对这样的结果,康熙帝不满意,令吴大臣们再做讨论。八月初六日清廷再次召开会

议，商讨撤藩事宜，参加这次会议的有议政王、贝勒、各部尚书、侍郎、通政司、大理寺，以及都察院都御史以下的各科道官。会上，有的大臣如兵部尚书明珠、刑部尚书莫洛等主张撤藩，他们认为吴三桂的儿子在北京，他不敢贸然起兵。而多数臣工则反对撤藩，争来争去，参加会议的大臣们谁也不敢贸然作出决断。要全面撤除包括吴三桂在内的三个藩镇，看来最后只有寄希望于圣裁了，即由康熙帝作出决断。

这确实是一个两难的选择。三藩不撤，势必成尾大不掉之势，对清朝中央政权构成威胁，进一步影响清朝的统一大业。就此顺势撤掉三藩，康熙帝心中也没有把握，因为毕竟三藩手中握有重兵，尤其是吴三桂，弄不好非发生武装冲突不可，那时中国南方又将烽火再起，陷入连年的战火之中。不过，康熙帝也担心握有重兵的三藩，现在不解决，将来解决起来的难度会更大，为避免"养痈成患"，他渐渐地觉得应该借此机会，撤掉三藩。

康熙十二年，康熙帝下令三藩并撤，并派使节南下宣布朝廷的诏令。消息传来，吴三桂犹如当头挨了一棒，他绝对没有想到这位年少的皇帝，竟然冒如此大的风险，作出撤藩的决定，而且毫不客气，一点挽留的意思也没有，看来事情已经没有回旋的余地了，自己苦心经营了一二十年的事业，那种威震一方、战马如云、赋税财货由自己掌管的王爷生活将从此结束，即将来临的是在故土辽东终老一生，成为皇帝的刀下鱼肉，任其宰割。想到这里，吴三桂不寒而栗。他不愿就此服输，他要抗争，即起兵叛清，而这是有风险的，因为滇黔毕竟只是西南一隅，即使联合其他势力共同对付清朝，也是没有必胜的把握。何况自己的长子吴应熊还留在京师，等于是清朝的人质，自己投鼠忌器，势必让自己的

儿子遭殃。想到这些，吴三桂又犹豫了。

我们说，对康熙帝的撤藩，吴三桂有自己想法，他的亲信们更是不敢寂寞，他们聚集在吴三桂的周围，他的亲信们更是群情激奋，吐露心中的不满。吴三桂的高参方光琛对他说，从此王爷"一居笼中，烹饪由人矣"。将军马宝则大声倡言："事势已经到了这一地步，应该尽快起兵造反。"

康熙十二年九月初一日，负责撤藩事宜的钦差大臣折尔肯一行到达昆明，向吴三桂宣读了康熙帝的圣旨。吴三桂一下子感到事情的紧迫，不能再犹豫了，于是他决定孤注一掷，公开叛乱。

康熙十二年十一月二十一日，平西王吴三桂以召开会议为由，杀云南巡抚朱国治，拘禁按察使李兴元，传檄四方，自称"天下都招讨兵马大元帅"，并致书平南王尚可喜、靖南王耿精忠以及贵州、四川、湖北等地的汉官降将，煽动他们与自己一同反叛清朝，举兵出云南、贵州，向湖南和四川进发，率先挑起了叛乱的战火。

在吴三桂的利诱和煽动下，许多汉官降将纷纷倒戈叛清。康熙十三年一月，四川巡抚罗森、提督郑蛟麟、总兵官谭弘等起兵响应吴三桂。二月，定南王孔有德的女婿广西将军孙延龄在桂林杀害都统王永年、副都统孟一茂等人，监禁巡抚马雄镇，公开背叛清朝，与吴三桂互为声援。三月十五日，靖南王耿精忠在福州囚禁福建总督范承谟，自称"总统兵马大将军"，起兵叛清。一时间"各省兵民，相率背叛"。贵州、四川、广西、广东、福建、甘肃、陕西等省纷纷响应，就连河北、京师这些畿辅重地，也发生了叛乱和密谋起事等事件，可谓"天下骚动"，"东西南北，在在鼎沸"。吴三桂出兵后，其军队很快便推进至长江南岸，清兵则望风披靡，一触即溃。

清朝得报，朝廷上下一片惊慌，手足无措，有的大臣建议追究倡导撤藩之人的责任，有的主张用招抚的办法向吴三桂妥协，反对出兵讨叛，有的汉官竟偷偷地把家眷迁回原籍，连西藏达赖喇嘛也写信给康熙帝，向他提出与吴三桂"裂土罢兵"的建议，还有人主张撤往关外，等等，莫衷一是。康熙帝虽然没有料到吴三桂竟叛乱得这么快，出兵如此迅速，影响面这么大，但他很快就从震惊中清醒过来，一方面稳住朝廷局势，他主动承认撤藩是自己的选择，与其他人没有任何关系，说："朕自少时，以三藩势焰日炽，不可不撤。岂因吴三桂反叛，遂诿过于人耶？"还驳斥了达赖喇嘛的荒谬主张，又立胤礽为太子，以安国本，定人心，并将吴三桂之子吴应熊处死，以示平叛的决心决不动摇；另一方面，他从容沉着地进行军事部署，准备与吴三桂进行长期的军事争斗。

吴三桂反叛的消息一传到北京，康熙帝便召集议政王大臣等，面谕说："今吴三桂已反，荆州乃咽喉要地，关系最重。著前锋统领硕岱，带每佐领前锋一名，兼程前往，保守荆州，以固军民之心。并进据常德，以遏贼势。"随即，又命多罗顺承郡王勒尔锦为宁南靖寇大将军，与诸将率大军赴湖广征讨。康熙十三年，耿精忠、孙延龄等反叛后，康熙帝又作出新的部署，立即增调兵力，分六路平叛。一路由宁南靖寇大将军勒尔锦等，率师由常德、澧州进取云贵；一路由镇南将军尼雅翰、都统朱满、巴尔布等，率师由武昌水陆进取岳州、长沙，直入广西；一路由安西将军赫业、副将军胡礼布、西安将军瓦尔喀等，率师由汉中进取四川；一路由平南将军赖塔，率师由浙江平定福建；一路由定南将军希尔根、副将军哈尔哈齐等，率师由江西平定福建；一路由平寇将军根特

巴图鲁、席布等，率师赴广东，会同尚可喜进剿。

然而，入关三十多年的八旗劲旅，已经没有入关前后那么能征惯战，从将领到士兵的战斗力已经逊色多了。作为统帅的勒尔锦，虽然坐镇荆州，指挥全军，但他只在帅府纳贿纵乐，不敢出城池一步。康熙帝敦促他进兵，他便用各种借口加以拖延。在江西前线的简亲王喇布，也"坐守省会，日事骑射以图安逸"。在浙江的康亲王杰书不仅"用兵甚为选软"，还与宁海将军贝子傅喇塔大闹矛盾。身为将军的觉罗舒恕，在进军广西的时候，竟然假装病重，上奏请求回京，为避免与叛军作战，他在事前还威胁将军巡抚傅宏烈，要他不要向朝廷题请进兵，否则便找理由将他处死。等等。如此腐败怯战的八旗劲旅，怎能担负起平叛的重任？战争的形势使康熙帝不得不重新作出选择，于是他大胆地调整了战略部署，大胆地破格提拔汉将，将绿营军队调往战场，充当剿灭叛军的主力。

按照这一方略，康熙帝以河西三将，即张勇、赵良栋、王进宝担当西北军事重任，另外浙江的李之芳，福建的姚启圣、吴兴祚，广西的傅宏烈，湖广的蔡毓荣、万正色、徐治都等，这些汉军、汉人都得到康熙帝的重用，他们在剿灭叛军的过程中发挥了巨大的作用。

兵法云："攻心为上"。年轻的康熙帝在进行单纯的军事征讨的同时，又充分地发挥了他个人的聪明才智，对参加叛乱的各方军事实力，进行了仔细的分析，确立了分化瓦解、剿抚并用的策略。在确定吴三桂是主要叛乱者，必须坚决镇压的同时，康熙帝对叛乱的其他参与者，一律网开一面，尽量争取。如吴三桂倡乱之初，康熙帝便下令停撤平南、靖南二藩，以分化叛军，后来陆

续接纳尚、耿以及孙延龄余部的投降。王辅臣起兵后，康熙帝让他在京师的儿子王继贞携带皇帝的诏书至平凉，表示对其不得已行为的谅解，说王辅臣杀经略莫洛，是事出有因，"咎在朕躬，于尔何罪？"还命令陕西总督哈占妥善保护王辅臣的家属，以后又多次颁诏劝降。对于从逆的官民，康熙帝指出"念此等俱受国恩，必非甘心从逆。盖有怀忠义之心，而无脱身之路者，又有身被迫胁，惧罪疑畏者"，下令进行招抚，表示只要悔罪归正，以前的事情一概赦免不问。康熙帝甚至还提出："即吴三桂果有输诚之心，亦何不可纳之。"

在军事打击和分化瓦解的同时，康熙帝还注意收揽民心，以给饱经战争蹂躏的百姓在光复后一个比较安定的生活生产环境。他一再告诫前线将领要注意军队纪律，不要抢掳，要尽力招徕流散的百姓，让他们安心农事。针对早期八旗军"凡破城后，子女玉帛可取而分之"的野蛮做法，他下令说，"破贼之所，凡所掳难民子女，许民间认领，不得一概妄收"。康熙十五年七月，他告诫将军简亲王喇布等，希望他们懂得"行兵之道，爱民为先"的道理，说"若百姓富足"，粮饷自然充裕，师旅征调自然不致困乏，要求他们做到，军队所到之处，务禁"戢扰抢掠"。"国赋出于民，有一民则有一民之赋"，身为统帅，如果"不抚辑招徕"百姓，那么"地方何由底定"。陕西王辅臣归降后，康熙帝立即诏免平凉、庆阳两府田租。同样，康熙十六年三月，福建初定，康熙帝也马上下诏蠲免全省的田租，还要求地方官尽量招抚避乱逃亡的百姓，让他们各安其业。

在康熙帝的军事、政治攻势下，清王朝终于度过了它的艰难时期，战场的形势越来越向有利于清朝的方向发展。相反，叛军

的内部也出现了分化。康熙十五年（1676）十月，清军到达福州，耿精忠率文武官员出城迎接，献所属官兵册籍投降。康熙十六年五月，尚之信擒伪总督董重民，率部反正，并遣其弟尚之瑛等迎接清军。十六年，吴三桂遣吴世琮领兵以恢复广东为名，驻师桂林城外，趁广西将军孙延龄出迎，将其杀死，并将孔四贞带到云南。康熙十七年闰三月，负责据守洞庭湖的吴三桂水师将军林兴珠，见吴军大势已去，自己又不满三桂亲信吴应麒对他的排斥，率部投清，等等。这些事件的发生极大地削弱了吴三桂叛军的势力，预示着叛军的覆灭已经为期不远了。

王辅臣、耿精忠、尚之信等投降之后，吴三桂顿感势孤力单。康熙十七年三月初一，吴三桂在衡州（今衡阳）称帝，定国号为周，建元昭武，以衡州为定天府，设置百官，大封诸将，僭造新历，又举行云、贵、川、湖乡试。八月十七日，吴三桂病死军中，其死党密不发丧，派人赴云南迎吴世璠，召诸将返衡州，商议后事。十月，吴世璠迎丧还云南，继承帝位，改元洪化。

随着吴三桂的去世，吴军已成瓦解之势，在清军的猛攻下，他们节节败退，从湖南一直仓皇撤退到叛乱的发起地——昆明。康熙二十年，清朝的三路大军直抵昆明城下，将昆明围了数重。十月，城中食尽援绝，清军环城猛攻。八日，赖塔进军银锭山，蔡毓荣部夺重关及太平桥，穆占、赵良栋取玉皇阁，直至东西二寺。二十二日，赵良栋进攻得胜桥，蔡毓荣攻打大东门，林兴珠攻草海，赖塔等分兵攻华浦，四面进逼昆明城。十月二十九日，被围困了八个月之久的昆明城中，吴藩部将发动兵变，吴世璠闻变自杀，其部将开城向清军投降。清军入城，戮吴世璠尸身，传首京师。历经八年的吴三桂之乱到此结束了。当这一消息传到北

京，康熙帝欣喜之余，匆匆赋诗一首，表达自己当时的心情，诗曰：

洱海昆池道路难，捷书夜半到长安。
未衿干羽三苗格，乍喜征输六诏宽。
天末远收金马隘，军中新解铁衣寒。
回思几载焦劳意，此日方同万国欢。

然而，对康熙帝而言，战争并没有结束，它还在继续，因为三藩的余孽还在，他要永除后患，从根本上根除这些敌对势力。吴藩当中吴三桂及其妻张氏病死于昆明城陷之前，其子吴应熊，其孙世霖、世璠，侄吴应期，女婿胡国柱等，或惨死于阙下，或毙命于疆场，或饮刃于宫室，或相残于萧墙，他们的家属或株连同死，或没入官府为奴，吴藩已在战争中消灭。耿精忠是仅次于吴三桂的首犯之一。康熙十九年，康熙帝诱他进京，以"归顺后尚蓄逆谋"等罪款将其逮捕，关押起来，并下令迁移耿精忠的亲属归旗，原属耿精忠的旧部在浙、闽当官的都还京，从而把耿藩从组织上彻底解散。二十一年（1682）正月，将耿精忠凌迟处死，其子耿显祚斩首，其部将如曾养性等骨干分子8人也被凌迟处死，黄国瑞等15人被斩首。康熙十九年，康熙帝指示刑部侍郎宜昌阿等人以巡视海疆为名赴广东，"密图擒拿"尚之信。同年八月，赐尚之信就地自尽，其弟之节等就地斩首，另三个弟弟尚之孝、尚之璋、尚之隆等从宽处理，革职枷责。尚藩就此撤去，所属15佐领被分入上三旗，驻广东。次年冬，又将其属下旗员都撤回北京，另行安插。

三藩中，副将以上的将官都没逃脱厄运，大都被处死了。其中下级军官及广大士兵逃过一死的，则分别被发充边疆做苦役。

这场战争，是由吴三桂首先发动的。就其性质而言，实际上是清朝统治集团集权与分权之争，亦是加入清政权后而形成的原明将吏集团同占主导地位的满族贵族集团的权力之争。康熙帝通过平叛战争加强了皇权，巩固了清朝的统治，使清朝完成了新的统一。正如外国人描述的那样，"康熙帝不仅重新征服了曾经动摇过他统治的所有省份，而且还收复了曾经封给三位汉族武将作为封地的省份"。而吴三桂等则充当了历史上极不光彩的角色。

3. 内阁与南书房

如汉承秦制一样，清朝也继承了明朝的一些制度，其中内阁制度就是这一继承的延续，只不过清朝阁臣的权力没有明朝阁臣的权力大罢了。内阁这一机构，起源于明朝，是明成祖即位后，令品位较低的翰林院编修、检讨等官入午门内的文渊阁办公，参与机务。顺治十五年七月，顺治帝将内三院，即内国史院、内翰林秘书院、内翰林弘文院改为内阁，设大学士，并加殿阁名称，如中和殿、保和殿、文华殿、武英殿、文渊阁、东阁等，帮助皇帝批答章奏，佐理机密政务。顺治十八年六月，四辅臣恢复旧制，仍称内三院，取消内阁。

康熙九年八月，康熙帝再改内三院为内阁，其制仍沿用顺治十五年的旧例，地位在六部之上，职责是："掌议天下之政，宣布丝纶，厘治宪典，总均衡之任，以赞上理庶务。"

我们知道，内阁、议政王大臣会议，都是外庭的权力机构，它们虽然秉承皇帝的旨意办事，但它们的存在，使皇权受到很大

的限制。就内阁而言，作为国家最高的政务机构，它控制着外朝的权力，接受本章，颁发诏旨，听政议政，都要遵循一定的规章制度，而且还要或多或少受到科道官封驳的制约。较之内阁，议政王大臣会议对皇权的制约也不逊色。康熙帝亲政以后，皇帝的权力仍受议政王大臣会议的限制，国家大事需要经过议政王大臣会议，而这一机构的成员大都是满洲王公贵族，他们的地位一般都较高，他们的意见有时会与皇帝意见发生矛盾，使皇帝的命令效力削弱，甚至迫使皇帝不得不收回成命。另外，当皇帝需要出台一个政治设想，或者需要承办某种机密，往往需要事前找人作些商量，处在外朝的内阁和议政王大臣会议人多眼杂，很不便当。如用他们，则其承办的一些机密往往毫无机密可言。鉴于这种情况，康熙帝便想建立一个新的机构，这个机构既能够听命于自己，很快地贯彻自己的旨意，又能保守秘密，且不受外庭的监督，于是他想到了南书房这个自己读书的所在。

南书房在北京故宫乾清宫西南，俗称南斋，原是皇帝与翰林院词臣研讨学问、吟咏作画的场所。在与词臣们的不断接触中，康熙帝发现其中有不少头脑清醒、办事缜密稳妥的人。康熙十二年（1673）春，康熙帝在听完日讲官进讲后说："朕愿得文学之臣，朝夕置左右，惟经史讲诵"。还表示充任这一职位的人，"可拨给内庐居住"，而且"不令与外事"，要求随侍诸学士选择"醇谨通达者以闻"。当时就有人推举进士出身的安徽桐城人张英。

张英，字敦复，又字梦敦，安徽桐城人。康熙六年中二甲第四名，赐进士出身。授翰林院编修，充日讲起居注官。累迁侍读学士，后迁兵部侍郎，调礼部，兼管詹事府。二十八年擢工部尚书，兼翰林院掌院学士，"及佐枢部，掌邦礼，恪慎清粹，一时

典章仪制、庙廷制诰之文，多其手定"。就是说朝廷的许多文告，多出其手。他性格平易，言表不露于外，是一个能保守秘密的人。而且"生平多隐德，外和内刚，一私不染，荐拔贤俊如不及，从不使人知"。

可是，对于推荐，康熙帝并未立即表态，而是暗地进行多方考察。考察后，认为张英确实合格，于是在康熙十六年（1677）冬下诏，令张英入南书房行走，并"赐第内城"，开了外臣入内城居住的先例。

入南书房后，张英"每日进讲，启导朕心，甚有裨益"。玄烨交给他做的事，他都能很稳妥地完成，所以深得玄烨的信任，老成敬慎，始终不渝，有古大臣风，尝命工写像以赐。张英常常是早起晚退，每天的大部分时间都在南书房中度过，非常忙碌，有时刚刚回家，又被宣诏入宫。

自张英开始，许多有识之士，如高士奇、张玉书、陈敬廷、叶方蔼、励杜纳、蔡启傅、孙在丰、徐乾学、陈奕禧、王鸿绪、查慎行、戴梓、沈荃、厉廷仪、汪灏、张廷玉、魏廷珍、杨名时等人，都以擅长诗文和办事干练而先后得以入值南书房。

从入值南书房的官员来看，他们的官位都不是太高，被选者只称入直南书房或南书房行走，正式职务仍系于原衙门，官位最多超不过四品。这么安排，主要是为便于皇帝控制，以及加强皇权的需要，防止出现专权的现象。因为入值南书房的官员朝夕侍奉皇帝，知道很多内廷机密，一些人急于打听消息，或希望他们在皇帝面前说些好话，于是便着力加以巴结他们，所以很容易发生结党纳贿等丑闻。于是，康熙三十年（1696）五月，康熙帝谕令翰林院、詹事府和国子监，令这三个机构每天派四人轮流入值

南书房，使皇帝通过接触，了解他们的操行和能力，然后再打算是否擢用。康熙帝的这个措施，既削弱了常值人员的权势，能够防微杜渐，又借机考察官员，起到廉政的作用。

就入值南书房官员的职责而言，也是比较明确的，他们既要陪伴皇帝赋诗撰文，写字作画，又要秉承皇帝的意旨起草诏令，"撰述谕旨"。还不时被委以"咨询庶政"，"访问民隐"的重任，及时将意见报告给皇帝。康熙帝的某些政治行动不便立即让外朝知道，往往通过南书房，间接透漏风声，或予以完成。所以南书房既是一个供皇帝探讨学问的处所，又是一个重要的军政指挥中心，而且这个机构是相当隐秘的，未经皇帝同意，"绝无人到"。

及至雍正朝，随着军机处的建立，南书房的地位便处于次要地位，虽然仍有翰林入值，但已经不参与政务，而被军机处取代了。

三、烽火连天

1. 平定台湾

台湾自古以来就是中国的领土，是中华民族家园不可分割的一部分。可是由于明朝政府的腐朽，明朝末年她被荷兰殖民者侵占，成为其殖民地。直到顺治十八年（1661），民族英雄郑成功率领大军，出征台湾，驱逐了荷兰殖民者，台湾才回到祖国的怀抱。

郑成功收复台湾之时，清朝基本上奠定了在中国的统治。虽然如此，全国各地仍然喷发着抗清的战火，既有南明朝廷的抗清斗争，又有农民军余部的抵抗活动，作为明朝遗民的郑成功也一直在东南沿海一带与清军周旋，战事不断，给清朝以沉重的打击。台湾收复后他就把这座宝岛作为反清复明的基地，继续他的反清复明的壮举，然而天不佑命，康熙元年（1662）郑成功去世。其子郑经继续以台湾为据点，拥明反清。

就康熙初期而言，清朝与郑氏势力之间一直处于胶着状态，虽然不时地发生一些小规模的军事冲突，但双方谁也无力吃掉对方。这是因为：从郑氏势力来看他的力量相对单薄，不足以对清朝构成大的威胁；从清朝当局来看，他虽然比郑氏势力强大，但

一时间还无力集中兵力解决台湾，况且又无得力的水师可用，茫茫大海成了清朝面前的一个天然屏障。

不过台湾问题是必须解决的，既然一时之间武力解决不了，那就采取别的途径看看能否解决问题。于是和谈成了康熙初年对台的主要政策。康熙八年（1669）康熙帝派刑部尚书明珠到泉州，负责主持与郑氏的谈判工作，条件是允许郑氏世守台湾，称臣纳贡。但郑经却坚持"照朝鲜事例，不削发"。也就是以朝鲜为样板，将台湾作为一个国家，名义上是清朝的"附属国"，称臣纳贡，不削发。这虽然已经违背了他父亲郑成功原先确定的拥明抗清的本意，但并没有得到清朝的首肯。康熙帝认为郑氏是中国之人，中国之人就不应该引朝鲜之例。结果谈判破裂，清廷招抚行动终致失败。

吴三桂之乱爆发后，郑经认为有机可乘，所以在耿精忠起兵不久，便派出军队从厦门登陆，发动攻势，先后攻取了福建的泉州、漳州、汀州、兴化、邵武等府以及广东潮州和惠州、广州二府的一些州县，给清朝一定的打击。尽管如此，但是我们从郑经在东南沿海的活动来看，他并没有远大的志向，其主要目的是趁着三藩叛乱的机会浑水摸鱼，扩大自己的地盘，发展个人势力。所以这种局面没有维持多久，就像肥皂泡沫一样破灭了。康熙十五年（1676）耿精忠投降，清军进驻福建。郑经所攻占的地盘，在清朝军队打击下很快丧失殆尽，不得不退回了台湾。

康熙十八年（1679），清朝平定三藩的战争已经接近尾声，胜利在望，针对郑氏不接受清朝招抚，冥顽如故，康熙帝的态度也变得强硬起来。在他看来，台湾问题是一个必须解决的问题，虽然没有像解决三藩那样紧迫，但毕竟它也是挂在自己心头的大事，

不能长期搁置，悬而不决。所以，这一年初，他下令厚集舟师，准备在攻取厦门、金门二岛后，乘胜进军澎湖、台湾。但这一计划却没有付诸行动，究其原因，主要是因为台湾距大陆海途遥远，清军福建水师刚刚重建，基础薄弱，训练和实战亦远逊于郑氏水师。所以，当新任水师提督万正色提出反对意见时，被康熙帝接受，进军台湾的计划于是被暂时搁置起来，以等待时机，再行启动。

康熙二十年（1681）初，机会终于来了。这一年郑经突然病故，台湾的郑氏集团围绕着权位问题，发生激烈的内讧。从清朝本身来看，清军攻取了昆明，"三藩"全部平定，南方大规模的军事行动已经告一段落，清军可以腾出手来，集中到台湾问题的解决上。而且平定吴三桂叛乱的胜利更坚定了康熙帝进取台湾的决心。于是进取台湾又提到了议事日程。

值得指出，这时解决台湾问题固然有其有利的条件，但是不利的条件仍然存在。当时最大的问题就是，谁能担当起攻取台湾前线指挥官的重任。针对这个问题，康熙帝决定起用原任水师提督施琅，派他重返福建。施琅，字尊侯，号琢公，福建晋江人，原来是郑成功手下的亲信大将，后来双方关系恶化，顺治八年（1651）他背郑投清，隶于汉军镶黄旗，历任清军同安副将、同安总兵。康熙二年（1663），施琅出任福建水师提督，先后率师驻守同安、海澄、厦门，参与清军对郑军的进攻和招抚。他两次出海，均因遭遇飓风，无功而返。因此，朝廷中很多亲贵大臣对他的忠诚产生怀疑，说他有子侄留在海上，与郑氏旧恩未断，于是被解除兵权，调回北京，授内大臣职，实际上是闲散供养。康熙帝再次起用施琅，朝廷上的意见还是不一，支持者固然有向康熙帝推

荐他的大学士李光地和福建总督姚启圣，但阻力也不少，闲言碎语不绝于耳。针对这种情况，最后康熙帝力排众议，乾纲独断，将其推上了攻取台湾主将的位置。

施琅走马上任，到达福建后，并不是一帆风顺的。遇到的阻力仍然不少。既有来自朝廷的，也有来自地方的。就来自朝廷的阻力而言，主要是重臣宿将大部分反对用兵。他们中有人散布风信不测，进退维艰，且郑氏负固据守，实难猝拔。而且当康熙帝向他们询及进剿方略时，得到的多数是消极悲观的回答。曾是施琅前任的福建水师提督万正色甚至说："台湾难攻，且不必攻。"就来自地方上的阻力而言，也是大有人在，如态度曾积极的总督姚启圣，对收复台湾的出发点，也是放在郑氏内讧、求助荷兰水师合力和派遣间谍策反等方面，而不是积极备战。这一切都不利于台湾问题的解决。屋漏偏逢连夜雨，恰在这时，在如何进军等问题上，施琅又与姚启圣发生了严重的分歧。施琅连续上疏，请求摆脱督抚掣肘，独任征剿权。施琅的这一要求应该说是不合清朝制度的。不过，为了有利于台湾问题的解决，经康熙帝认真考虑和议政王大臣会议的讨论，认为一人领兵可能更符合当时的需要，决定破例批准，由施琅"相机自行进剿"。于是，施琅在总督姚启圣的后勤和所拨兵员船艘支援下，开始攻取台湾。

康熙二十二年（1683）六月，施琅督率战舰200余艘、水军两万多人，一举攻澎湖、鹿儿岛。此后，施琅一面加紧军事行动，一面对占据台湾的郑氏集团施以招抚。不久，台湾守将冯锡范等在施琅大军压境之下，挟郑克塽薙发投降。台湾重回祖国的怀抱。

获悉清军收复台湾，康熙帝欣然作诗《中秋日闻海上捷音》，诗曰：

万里扶桑早挂弓，水犀军指岛门空。
来庭岂为修文德，柔远初非黩武功。
牙帐受降秋色外，羽林奏捷月明中。
海隅久念苍生困，耕凿从今九壤同。

郑氏投降后，如何处置台湾问题提到了议事议程。对这一问题，朝廷内部又出现了两种不同的意见。一种意见认为台湾孤悬海外，鞭长莫及，派兵戍守既靡费钱粮，又没有益处，所以不如"迁其人，弃其地"。甚至连主战甚力的大学士李光地也主张放弃台湾，竟然还荒谬地提出把台湾让与荷兰。另一种意见是坚决反对弃守台湾，这主要以施琅、姚启圣及另外一些有远见的大臣为主。施琅特上"恭陈台湾弃留疏"，全面陈述了保留台湾的重要性。他说：台湾虽然是一座海岛，却担当着守护闽、广、江、浙四省，是为屏障，战略位置十分重要。如果放弃台湾，将来必然会有很多后患，沿海诸省也断难晏安无虞。他还以自己亲历岛屿作过实地考察为由进一步说：台湾土地肥沃富饶，用裁减内地的防兵进行驻守，根本不用增加兵饷负担。退一步说，即使台湾果真是不毛荒壤，必借内地挽运，我们也没有弃置它的理由。

值得指出，在处置台湾问题上，康熙帝本人的前后意见也有差距。起初，康熙帝对防守台湾的重要性，也是认识非常不够的。他曾说"台湾属海外地方，无甚关系"，"台湾仅弹丸之地，得之无所加，不得无所损"，这就是说台湾对清朝是无所谓的，有没有都没有关系。但康熙帝毕竟是明君，当他读了施琅的奏疏，以及倾听了一些大臣的意见后，马上意识到自己看法的错误，观念来

了一个一百八十度的大转弯，确认"弃而不守，尤为不可"。于是重新审视台湾问题，经大学士、议政王大臣、九卿、詹事、科道，以及福建督、提、镇的充分讨论，一致确定设治驻守，置台湾府，隶于福建省，下辖台湾、诸罗、凤山三县；又设总兵一人、副将二人、士兵8000人，澎湖设副将一员、士兵2000人，加强镇戍。将台湾统一于清廷的管辖之下，这对于巩固东南海疆有深远的历史意义。

2. 抗击沙俄

平息三藩之乱，实际已开始了大治的历史进程。这时，突然从遥远的黑龙江畔频频传来警报：罗刹已入侵黑龙江，在其沿岸筑城建堡，烧杀淫掠，无恶不作。甚至深入到松花江下游，到处点燃战争的烈火。

沙俄是后崛起的"封建军事帝国主义"。它从一开始就是靠扩张领土、奴役和掠夺其他各民族起家的。约当17世纪40年代，伴随着它四处扩张的侵略步伐，向东扩张，把侵略的魔爪伸向了中国的黑龙江与乌苏里江流域。崇德八年（1643），正当清入关与明亡前夕，沙俄殖民者就已抵达中国黑龙江北岸。

黑龙江流域是满族先世的故乡。最早可追溯到先秦时代的肃慎，其后历数代而改称挹娄、勿吉和靺鞨。12世纪初，女真人崛起，建大金政权。金代女真即是后来满族人的直接先世。经元明两代，广大的女真人分布在东北各地。其中，居住在今辽宁东部的建州女真及吉林松花江沿岸至南部的海西女真，汇合而形成满族的主体。定居在黑龙江流域及乌苏里江的诸部族，明时称"野人"女真，生产力水平低下，以渔猎为生，尚处在原始公社末期

父系氏族社会阶段，故以"野人"相称。在后金与满族相继登上中国历史舞台之际，他们又被称为索伦、呼尔哈、奇勒尔、费雅喀、黑斤等。皇太极时，屡次派军队前去招抚，吸收他们加入满洲。如他对领兵将领发出指示："此地（指黑龙江上游）人民语音与我国同"，他们"本皆我一国之人，载籍甚明"。意思很明确，满族与黑龙江沿岸诸部族都源出一个祖先，皆系一族之人。清太宗在位之时，已完成了对黑龙江流域及乌苏里江流域至库页岛的统一，使之成为清政权的组成部分。生活在这一广大地区的各民族、部族纷纷加入满洲八旗，变为满洲人。崇德元年（1636），皇太极任命巴海为第一任宁古塔副都统，管辖两江流域。

事实说明，在沙俄入侵黑龙江之前，清（后金）已从明朝手中接管了两江流域的广大地区。

顺治元年（1644）四月，清军入关。同年九月，福临自沈阳迁到北京，统治中心大转移，其军队、百官、国家机关及其家属皆"从龙入关"。顿时，广大的东北大地变得空旷，人口骤减，仅在原都城沈阳等若干重要城镇派驻少量军队留守。在两江流域，太祖、太宗时，把招抚和战争俘获的当地各部族一批批迁到沈阳周围地区安插。清军入关后，也陆续迁入关内。本来地广人稀的两江流域，到这时，人口已大为减少。

清朝迁都后，东北地区成为她的大后方，这里很多原先都是军事重镇如今都成了不设防的城市。清军倾国南下，东北防御空虚，因而给沙俄以可乘之机，在中国的领土内横冲直撞，无恶不作。当地各民族使用刀、茅、箭等原始武器，迎头痛击入侵者，留下了许多可歌可泣的英雄事迹。

清朝正倾全力忙于统一战争，无暇顾及东北，直到顺治八年

(1651)，沙俄入侵的奏报才送达北京。此时，顺治帝并不完全了解"罗刹"，没有引起足够的重视，仅指示驻防宁古塔（今黑龙江宁安）章京海色率所部600人前去征剿。因指挥不当，清军在乌扎拉村遭到失败，海色因而"伏诛"。以后，顺治十一年，清军在松花江下游同沙俄侵略军展开激战；次年三月，双方又在黑龙江上游呼玛尔城激战。两次战斗，清军都取得了胜利。

沙俄扩大入侵，确已引起朝廷的重视。特别是后一次战斗，朝廷派出正白旗蒙古都统、原兵部尚书明安达礼自京师率部征剿，表明朝廷欲一举荡平之意。但因"粮饷不继"而班师。是时，在长江以南地区，主要在两广、云贵、四川等省，农民军余部、南明永历政权还保持着强大的武装力量，朝廷倾注全力同他们反复进行苦斗，抽不出足够的兵力北上，另外粮饷不济，只好从呼玛尔城退兵。

清军的两次胜利，并没有从根本上根除沙俄这个"外患"，自撤离后，再没有派兵前来消灭他们。当地各族人民依靠自己的力量，在敌人出没的地方给以痛击。黑龙江流域至冬季时，天气酷寒，在没有足够的御寒设备的情况下很难生存。当地百姓实行坚壁清野，沙俄入侵者找不到粮食，又受严寒困扰，不断遭到当地居民的袭击，死伤累累。

这期间，朝廷抽不出兵力援助，只有依靠当地驻军将领指挥战斗。宁古塔昂邦章京沙尔虎达父子全权领导了这场反击战。顺治十四年（1657），在一个叫尚坚黑的地方，击溃了一股俄军。第二年，朝廷遣使赴朝鲜，请来近300名将士前来宁古塔助战。七月，清军与朝鲜军在松花江与黑龙江汇流处遭遇大股俄军约500人，经三天激战，俄军大部被歼灭或生俘，俄军头领斯杰潘诺夫

被击毙。沙尔虎达和他的将士以此次战功受到朝廷嘉奖。

顺治十六年（1659），沙尔虎达病逝。子继父业，其子巴海袭父职，继任宁古塔昂邦章京。第二年，他率部进至黑龙江与松花江汇流处，距伯力200里的古法坛村，痛击俄军。战后，他向朝廷奏报：斩首六十余级，淹毙于江中者甚众。

到顺治帝去世前，入侵的俄军全部被肃清，除了被击毙、饿死、冻死者外，余部都逃回了俄国。

战后，朝廷的失策是，从主观上说，以为"罗刹"已被全部消灭，东北地区从此会太平无事，因而没有采取必要的防御措施，除宁古塔等少数城镇部署军队驻防，大多地方仍是不设防之地，特别是在黑龙江上，仍然空旷无人，也没有军队巡边，如无人之境，遂酿成严重后果。

自康熙四年（1665）始，沙俄在准备了几年以后，终于重整旗鼓，卷土重来，再次入侵黑龙江地区。以切尔尼戈夫斯基为首的沙俄匪徒窜至我国的雅克萨城故址，在此筑城盘踞，以此为巢穴，继续扩大对中国的侵略。

与前期不同的是，沙俄侵略军由原先的亡命徒变成为沙俄的正式军队，他们按沙皇的意志，有步骤地实施其侵略计划，开始在黑龙江沿岸建立一系列侵略据点，妄自把这些据点划入俄国的版图。如在急流河口建"急流斯克"，在精奇里江上游建"结雅斯克"，在西林木迪河地区建"西林宾斯克"，在多隆河口建"多隆斯克"，还在黑龙江下游和恒滚河一带，建"杜吉根斯克堡"，在恒滚河上游建"涅米连斯克堡"，等等。

这些城堡或哨所，都是在中国的神圣土地上擅自建立的，沙俄殖民军就是以这些城堡为据点，四出剽掠，烧杀任意，强迫当

地各民族向沙皇缴纳貂皮，妄行沙俄的管辖权。

正当沙俄在东北的黑龙江流域肆虐之时，清朝又爆发了以吴三桂为首的三藩之乱。朝廷为其命运而作拼死搏斗，从全国各地调集军队，厚结兵力，以便战胜叛军，救亡图存。诸如盛京（沈阳）、吉林乌拉、宁古塔等重镇的驻防军也被调入关内，参加平叛战争。清朝无暇北顾，沙俄得以到处建城筑堡。黑龙江处于危险之中，眼看就被沙俄据为己有了。

已经亲政的康熙帝，为避免南北同时用兵，特派使臣前往尼布楚，向俄国表示抗议，并要求和平解决双方争端。恰好此时，又发生了一个事件，即被朝廷封为四品官的一个佐领索伦人根特木尔叛国投俄。清要求引渡回国。所有这一切要求，都被沙俄一次又一次地无理拒绝。

康熙帝把战略重点放在平叛上，是当时形势使然，但也在力所能及的条件下，逐步加强东北的战备。如征召黑龙江当地各族百姓，把他们编入八旗，称为"新满洲"，其丁壮就成为八旗军队的当然成员，把他们安置在宁古塔，以增强防御实力。康熙十五年（1676），选择战略要地乌拉（今吉林市），倚松花江"建木为城"，迁宁古塔将军的驻地于此，以新旧满洲八旗兵2000人驻守，并徙直隶各省"流人"数千户来这里定居。建城伊始，就设船厂造船，先造出战舰四十余艘及数十艘江船，"日习水战，以备老羌（指沙俄）。"

康熙二十年（1682）十二月底，彻底平息吴三桂之乱的捷报传来，举朝欢腾。康熙帝向全国颁布文告，宣布："今群逆削平，疆圉底定，悉蠲历年之螽贼，永消异日之隐忧。"接着，康熙帝率皇太子及文武诸臣于第二年二月出山海关，亲历东北巡视。先到

盛京，拜祭太祖、太宗陵，再至新宾永陵，祭奠先祖，告以平定叛乱，天下太平之盛事。由永陵直趋吉林乌拉，在江岸遥拜"祖宗发祥重地"长白山。召见宁古塔将军巴海等地方将吏，询问地方民情、庶政、军事，逐一发出指示，当即处理。他登船泛松花江上，与当地军民同乐。

　　康熙帝的东北之行，史称"东巡"。这次是第二次，不仅到了盛京、新宾，还远行至乌拉。此行之目的，正如他所说："周行边境，亲加抚绥，兼以畋猎讲武。"皇帝离京远行巡视，只有在天下太平，统治稳固的情况才能进行。显然，康熙帝已充分估计到平息三藩之乱，清朝的统治空前巩固，他可以放心地到他所想要去的地方。可以认为，此行是天下安定的重要象征。但也与准备反击沙俄入侵者密切相关。他在一首《松花江放船歌》中有一句："朕来问俗非观兵"。实际上，他在乌拉召见当地及宁古塔军事将领，商议边防，观看松花江上水师演习，率皇太子诸贝勒文武大臣及八旗军队畋猎，都是他"讲武"、"备战"的一系列举措。此次巡视之后，马上进入实施反击阶段，就证明此行意在了解东北边防状况，用今天的话说，就是搞调查研究，为筹划和制定反击沙俄的战略做准备。此行，标志着清朝已将战略中心转向东北。

　　康熙帝结束东北之行，返回北京。至八月，他亲自决策，选派副都统郎谈、正红旗蒙古副都统彭春等率兵前往打虎儿（即达斡尔）、索伦（即后来之鄂温克）部居住地，以"捕鹿"为名，侦察沙俄侵略军动向。行前，康熙帝向他们发出了如下指示：

罗刹犯我黑龙江一带，侵扰虞人，戕害居民。昔发

兵进讨，未获剪除，历年已久。近闻蔓延益甚，过牛满、恒滚诸处，至赫哲、飞牙喀虞人住所，杀掠不已。尔等此行，除自京遣往参领、侍卫、护军外，令毕力克图等五台吉，率科尔沁兵百人；宁古塔副都统萨布素等率乌拉、宁古塔兵八十人，至打虎儿、索伦，一面遣人赴尼布潮（楚），谕以捕鹿之故；一面详视陆路近远，沿黑龙江行围，径薄雅克萨城下，勘其居址形势，度罗刹断不敢出战。若以食物来馈，其受而量答之；万一出战，姑勿交锋，但率众引还，朕别有区划……

康熙帝还特别嘱咐：等你们返回时，要详细计量自黑龙江至额苏里，舟行水路，及额苏里直通宁古塔之路，选择随行的参领、侍卫，同萨布素一起前往探查。

同年十二月，郎谈一行，冒着严寒，从遥远的黑龙江返回北京，立即向康熙帝报告："攻取罗刹甚易，发兵三千足矣。"康熙帝点点头，表示同意他们的看法。为慎重起见，康熙帝还不想马上发起进攻，他还要做进一步的准备。他向议政王大臣会议作出新的部署：调乌拉、宁古塔兵1500人，并制造船舰、发红衣大炮及鸟枪，连同演习之人，一起到黑龙江（旧瑷珲城，今属俄罗斯境）、呼玛尔（今黑龙江省呼玛县稍南）二处，建立木城，与沙俄入侵者"对垒"；由科尔沁等10旗及锡伯、乌拉官庄供应军粮，约需1.2万石，可够3年之用。待八旗兵至，即行耕种，不致匮乏。自黑龙江城至索伦村屯，有5日的路程，中间可设一驿站，八旗兵至精奇里江时，令索伦接济牛羊。此项使命，由宁古塔将军巴海与副都统萨布素统兵驻扎在黑龙江、呼玛尔两城，负责一

切。后以巴海不便，命留守乌拉，改派副都统瓦祜礼同萨布素前往；又发现黑龙江城与呼玛尔之间，有额苏里地方，可以藏船，原有人耕种此地，令八旗将士在此处建木城驻扎。康熙二十二年（1683）九月，康熙帝决策，命八旗将士"永戍额苏里"，应派乌拉、宁古塔兵500～600人、打虎儿兵400～500人于来年秋携家属同住，设将军、副都统、协领、参领等官镇守。

几经讨论、修订，康熙帝和他的谋略大臣们终于确立了"永戍"黑龙江的战略思想，意义重大，影响深远。康熙帝针对沙俄占地筑城也择机要之地筑城，派军驻扎，设官治理，永远镇守，是对黑龙江建制的创举。不久，正式设黑龙江将军衙门。在边境地带建城驻军，为边防所必需，也真正体现国家行政管辖的有效性。有土无人，就不能有效地控制和保卫边疆不受任何外来力量的侵犯。所以，以家属随军的办法，将军队的家口迁来居住，就是"永戍"之意。否则，如康熙帝所料：即使克取雅克萨城，"我进则彼（指沙俄）退，我退则彼进，用兵无已，边民不安。"康熙帝决策"永戍黑龙江"，是极富远见的创举。

到康熙二十二年十一月，备战还在继续进行中，主要是增造船只，由原先50只，增造30只，运足2年用的粮食，共需水手1200人，除原发水手150人，再派乌拉八旗猎户690人、宁古塔兵360人，一并发往黑龙江城。其他的准备，还包括驿站之设、建仓储粮、筹措经费等等，也都按康熙帝的指令逐一落实。

在紧张繁忙的准备中又过去了一年，迎来了新的一年——康熙二十四年（1685）。新年伊始，康熙帝和他的重臣讨论进兵雅克萨。经议，定于四月末水陆并进，力争招抚，争取其投降。否则，即以武力攻取，倘万难克取，即遵前旨毁俄人所种田禾，然后回

师。为保证此次军事行动的胜利，康熙帝决定，选取投诚的福建藤牌兵500人（后改为400人）前往助战，从京城拨给马2000匹，盛京再给马2000匹。康熙帝重新任命都统彭春统兵，副都统班达尔沙与护军统领佟宝为参赞；命户部侍郎萨海，仍负责屯田种地，以保证军饷不误时，就地取粮。

四月二十八日，清军已陆续赶到黑龙江城集结，总计3000人左右。兵力不算多，但却来自全国各地，包括：北京、盛京、乌拉（吉林）、宁古塔（黑龙江宁安）的满洲八旗兵；有山东、河南及山西等地的汉军（福建藤牌兵），以及黑龙江本地的索伦兵等，组成了一支精锐部队，在都统彭春的统率下，离开集结地，水陆并进，直趋雅克萨。

五月二十二日，清军已抵雅克萨城下。按照康熙帝的多次指示，彭春等先向城内的俄军发出了"招抚"的最后通牒：必须放弃抵抗，向清军投降，撤回到雅库次克地方，放还我方的逃人，我方亦将你们全部遣归，若执迷不悟，必将雅克萨毁尽杀绝。城中沙俄侵略军约近千人，"恃巢穴坚固，不肯迁归"，企图负隅顽抗。于是，第二天，清军分水陆兵为两路列营，将城包围起来。二十四日夜，将"神威将军"大炮等火器排列于阵前，至次日黎明，彭春下令攻城，水陆并进，用大炮猛轰，火器齐发，击中城内目标，浓烟滚滚，俄军死伤惨重，所建粮仓、教堂、钟楼等建筑都被轰塌。清军的猛烈攻势，很快摧毁了俄军的抵抗能力。只几天的连续攻击，便迫使俄军头目托尔津率残部投降，交还被其掠作人质的索伦、巴尔虎人160余名。彭春代表朝廷，给予宽大处理，释放投降的俄军回国。

经过长时间准备，而一朝进兵，旗开得胜，一举奏凯。这是

自顺治初年反击沙俄入侵以来，取得的最重大的胜利。捷报传到北京，康熙帝不胜欣慰，就此次战胜，他作了带有总结性的讲话：

> 今征罗刹之役，似非甚要，而所关最钜。罗刹扰我黑龙江、松花江一带三十余年。其所窃据，距我朝发祥之地甚近，不速加剪除，恐边徼之民，不获宁息。朕亲政之后，即留意于此，细访其土地、形胜、道路远近，及人物性情，……不徇众见，决意命将出师，深入挞伐……

康熙帝还总结历次进剿失利的原因，指出：当年明安达礼轻进，至"粮饷不继"；将军沙尔虎达、巴海等"失计，半途而归"，遂致"罗刹骄恣"，以至蔓延到今天，唯有细心筹划周详，才是胜利的保证。

战后，彭春率师焚毁雅克萨城，便很快返回黑龙江城。康熙帝及时发出谕旨：以进征官兵劳苦，暂回吉林乌拉（吉林）。至于"雅克萨虽已克取，防御决不可疏，应于何地永驻官兵弹压，此时即当定议。"

九月二十七日，议政王大臣根据上述康熙帝谕旨，将议定的几件事请示批准：据查，墨尔根地方（今齐齐哈尔）最为紧要，应筑城驻兵，令黑龙江将军及副都统一员驻扎于此；黑龙江城（瑷珲）设副都统一员，须驻防500兵，以乌拉、宁古塔兵充实部分兵力，还有先前发来这两个地方的流徙罪人，让他们披甲为兵，也包括在500人之内。既设兵于墨尔根，就须增设驿站，开阔驿

道，可令户部、兵部、理藩院各遣官一员，自吉林乌拉——墨尔根——黑龙江城，宜增设几个驿站，经定议再报告。康熙帝对此，表示完全同意，并亲定副都统温代、纳秦驻防黑龙江城，副都统博定筑城。

战后的处置，康熙帝和他的重臣考虑和安排，不能说不周详。但是，他们犯了一个战略性的错误，这就是放弃雅克萨，没有驻一兵一卒，没有派官驻守，而是把军队撤到黑龙江中游的黑龙江城及更远的墨尔根，把雅克萨所在的黑龙江上游广大地区作为"弃地"而抛却。还在准备发起反击战之前，康熙帝就正确地指出："我进彼退，我退彼进。"为防止沙俄卷土重来，康熙帝作出决定：待雅克萨攻取后，要"设斥堠"于此。不幸的是，从前线将领到议政王大臣都没有执行康熙帝的决定，连康熙帝本人也没有坚持原先的主张，被胜利冲昏了头脑，麻痹大意，从雅克萨完全撤退，又给沙俄以可乘之机，再度返回雅克萨，迫使康熙帝再度兴师。

康熙二十四年八月，沙俄侵略者迅速返回雅克萨，先后两批，计500余名侵略军前来据守。其头目除一个叫拜顿的，另一个就是被清军释放的托尔布津，沙俄任命他为"雅克萨督军"，他把自己的许诺和保证忘得一干二净，不惜重蹈覆辙。

俄军吸取不久前的失败教训，在故址上重建城堡，四周环以土墙，高达三俄丈，四面筑有四棱突出的炮垒，配置火器；墙外挖掘环城的壕沟。该城三面是陆地，一面依江，在江中至江岸，专设一道拦江木栅，以防清军水师靠近城垣。俄军还调来大批粮食、弹药火器及其他战略物资。清军撤走时，并没有毁坏庄稼，急忙退兵后，就没有人再想收获这些庄稼了。而俄军来时，庄稼

已成熟，都被他们全部收割去了，做了储备粮。

康熙二十五年（1686）正月，萨布素派一支轻骑兵巡逻队前往雅克萨方面巡逻，途中遇到一名奇勒尔人，他把沙俄重占雅克萨的消息报告给了巡逻队。领兵的骁骑校硕格色闻讯大惊，星夜急驰墨尔根，黑龙江将军萨布素对此消息感到震惊，事不宜迟，急草就奏章，以加急的形式，指令驿站快速传递至北京。康熙帝得报，毫不犹豫地作出决定：萨布素所奏，乃传闻之言，并非亲见，须探侦确实，再考虑用兵。等侦察到实况，已经是二月，于是，康熙帝始下决心发兵，说：今"罗刹"复回雅克萨筑城盘踞，如不尽速剿扑，势必积粮坚守，图之不易。他命令萨布素暂停向黑龙江迁移家属，如前所请，"速修船舰，统领乌拉、宁古塔官兵，驰赴黑龙江城（旧瑷珲），到达时，可留盛京官兵镇守，只率2000人马攻取雅克萨，另选现编入汉军内的福建藤牌兵400人，令建义侯林兴珠率往，又派郎谈、班达尔沙、马喇前去参赞军务。

萨布素奉命，经紧急准备，于五月初，率军从黑龙江城出发，至月底，进逼雅克萨城下。

六月四日，萨布素指挥清军攻城。俄军头领托尔布津为争取主动，率军出城迎战，被清军击败，退回城中，清军直逼城下，迅速占据城外有利地形，将俄军置于清军的炮火之下。经数日激战，俄军已损失110多人，托尔布津被炮火击成重伤，这个顽固的殖民主义分子终致毙命。俄军已完全丧失反击的能力，龟缩在城里，外援已绝，坐以待毙。

清军于城周三面掘壕，临江一面驻扎水师，实行围困之策，断其粮饷来源，逼其投降。

随着冬季的来临，饥饿和疾病在城中蔓延，到年底，沙俄只

剩下150余人。

到十二月，眼看俄军支持不下去，城将被攻破。突然，萨布素接到朝廷关于停止攻城、解除围困的命令。原来，沙俄明白用武力侵占黑龙江已成泡影，为摆脱厄运，被迫接受清朝多次的和平倡议，特派使臣前往北京，一扫往日的傲慢，请求解除对雅克萨的围困；同时，表示愿和好，并期待两国举行边界谈判。康熙帝接受了沙俄求和的要求，便传令前线将士停止进攻，城内俄军可以随便出入，不得抢夺他们的一钱一物，等待俄罗斯使臣到后再作处理。这样，雅克萨反击战以清朝的胜利而结束。

两次雅克萨反击战，论规模不算大，双方直接参战人数不过3000多人，最多时也不过4000人左右。比起清入关后所进行的历次战争，只能是小规模的战斗，也说不上很激烈，战争的时间短促，第二次因围困需要时间，也只有半年左右。尽管如此，两次战争的政治意义和深远的影响却不容忽视。它是一个新兴起的封建王朝同西方殖民主义的首次交锋，是中国的封建制度同正在变革中的沙俄资本主义制度的较量。清朝胜利了，从而挡住了西方殖民主义势力的入侵和渗透，驱逐入侵者，保证中国领土和主权的完整，体现了中华民族的尊严和神圣的领土不容侵犯。

清朝之所以能战胜沙俄侵略军，除了康熙帝调动有方，筹划得当，主要是利用平息三藩之乱后形成的有利形势，动员全国的军事力量，从而保证了战争的胜利。

两次雅克萨战争产生的直接结果，就是于康熙二十八年（1689）清朝与沙俄签订了《尼布楚条约》，这是历经近三年的反复交涉、谈判桌上唇枪舌剑的较量后，双方让步，互为妥协的产物。清朝作出了最大的让步，迁就了沙俄的要求，才使谈判达成

协议。这是有史以来中国第一次同一个外国签订的边界条约。它规定了中俄东段边界的走向及疆域的界限。从此，抑制了沙俄殖民主义的东侵与扩张，中俄东段边界保持了一百多年的和平局面。不仅东北地区获得了和平发展的机会，也促进了全国保持稳定。

3. 平定准噶尔叛乱

康熙二十四年（1685）十一月，康熙帝以欣慰的心情对臣下说："今四海升平，偃兵不用。"显然，他对二十余年治理国家已取得的成就，是很满意的。不过他说此话不久，清朝西北部又战云密布，传来了千军万马奔驰的喊杀声。厄鲁特蒙古由内乱而发展成同清朝直接的军事冲突，造成了一场持续近十年的大规模战争。

我们知道，西北地区包括今新疆、青海等省，为厄鲁特蒙古四部游牧之地。早在清入关前的皇太极时期，先后同清朝建立了藩属关系。清入主中原后，双方关系进一步密切。顺治年间，厄鲁特蒙古贡使朝贡北京多达71次，平均每年超过4次。与此同时，厄鲁特内部倾轧、纷争不已。清朝忙于平定中原，对其内部的纷争不予干涉。

康熙初年，在数年纷争中，准噶尔部噶尔丹崛起。噶尔丹生于顺治元年（1644），为巴图尔浑台吉第六子。"为人凶恶，耽于酒色"。他的五兄僧格继承其父之位后，被其长兄车臣及次兄卓特巴巴图尔杀害。于是，当时还在西藏当喇嘛的噶尔丹即以复仇为号召，自西藏赶回准部，杀死仇人，遂为该部部长。

野心勃勃的噶尔丹并未就此停止战斗，却把战争扩大到各部，逐一兼并。自康熙十二年至十五年（1676），他兼并了其叔父楚琥尔乌巴什父子的领地，并将叔父擒获囚禁，杀其子班第；十六年春，挥师击败和硕特部鄂齐尔图汗，将其俘获处死，其子侄"穷无所归"，逃至甘肃、凉州等沿边地带，"违禁阑入塞内"。次年（1678）二月，噶尔丹欲乘胜进兵青海。他"向有侵西海（即青海）之意，因人心不一，西海路远，恐一动而本地有事，不敢轻举"，但他仍率军"行十一日撤归"。十八年八月，驻守兰州的甘肃提督张勇收到噶尔丹的一封信，对青海提出"主权"要求，声称："西北一带地方皆得之矣，惟西海（即青海）向系我祖与伊祖同夺取者，今伊等独据之，欲往索取，因系将军所辖之地，不敢轻举。"原来，早在明崇祯九年（1636），和硕特顾实汗率军自新疆塔尔巴哈台远征青海，以势单力弱，约同噶尔丹之父准噶尔巴图尔珲台吉联军，共同进攻，击杀却图汗，遂据青海之地。为感谢巴图尔珲台吉相助，顾实汗将自己的女儿嫁给他，送给大批礼物。巴图尔珲台吉率部撤回准噶尔。噶尔丹所言青海"系我祖与伊祖同夺取者"，即指此事。他以此为口实，企图将青海重新夺回，据为己有。他特给清将张勇写了这封信，表明他出兵青海的本意，但同时也暴露了他的野心。

康熙十八年，噶尔丹已领有厄鲁特蒙古四部之地，雄长于西北，西藏达赖喇嘛五世给噶尔丹加以"博硕克图汗"之号。同年九月，他遣使入贡，向朝廷献锁子甲、枪、马、驼、貂皮等物，因得达赖喇嘛的封号"博硕克图汗"，"是以奉贡入告"。此举违背清朝惯例："从前，厄鲁特、喀尔喀有奏请敕印来贡者，准其纳贡，授以敕印，并加恩赉；从无以擅称汗者，准其纳贡之例。"尽管如此，康熙帝和他的重臣们仍然"准其献纳"，实际是承认了他的封号。自此，噶尔丹便以"博硕克图汗"号令西域，"胁诸

卫拉特，奉其命"，其势迅速膨胀。就在他上称号这一年，"渐次内移，住居河套，前哨已至哈密，去肃州仅十数日（程）"，威胁吐鲁番和哈密。不久，即攻占两地，表明他的势力已扩张至甘州（今甘肃张掖县），实际已控制了这个地区的撒里维吾尔族（今裕固族）。

噶尔丹向青海扩张，因惧于清朝的严防而暂时作罢，随即把进攻的矛头指向新疆回部。清初，天山以北为厄鲁特蒙古游牧地，简称"准部"；天山以南的广大地区为维吾尔族居住地，称为"回部"。天山把新疆分成南北两个地区，又称前者为北疆，后者称南疆；或称天山北路、天山南路。"计回疆（部）东西六千余里，南北千余里，西、南、北皆大山界之"。顺治初年，以叶尔羌汗为代表，向朝廷奉表进贡，此为南疆与清朝建立朝贡关系之始。

康熙十九年，噶尔丹终于出兵南疆，以12万铁骑攻占叶尔羌与喀什噶尔，"攻破回子千余城，自后无复表贡"。从此，南疆沦入准噶尔的统治之下，扶植亲准的当地"白山派"首领和卓伊达雅图上台，称"阿伯克和卓"（意为世界之王），与其子统治南疆，皆听命于噶尔丹，与清朝断绝了关系。

噶尔丹兼并南疆后，又挥师西向，在四年间，接连打败哈萨克、诺盖（居黑海沿岸）、柯尔克孜等民族的抵抗，建立了准噶尔的军事统治。到康熙二十三年（1684），噶尔丹已完全控制了西北地区，北达鄂木河，西至巴尔喀什湖以南，东至鄂毕河的中亚地带，"威令至卫藏"。

噶尔丹在厄鲁特蒙古的纷争中乘机崛起，统一西北，改称汗号，以战争兼并的手段，把分散的诸蒙古凝聚成一股巨大的军事与政治的力量。其结果，必然与清朝"大一统"产生不可调和的

矛盾。

　　事实正是如此。当厄鲁特蒙古内部纷争时，清朝不过充当中间人，力图调和矛盾，使之和好，共事太平之福。但是，当噶尔丹夺取准噶尔部的统治权，逐渐扩大军事活动时，朝廷开始警觉，以警惕的目光注视着他的动向。时值三藩动乱，沙俄入侵黑龙江，朝廷专力于平叛，抗击沙俄的入侵，无暇顾及噶尔丹，采取在政治上变通、包容，在军事上严加防范等对策，避免同噶尔丹直接发生军事对抗，力图避免陷入南北同时用兵的困境。

　　康熙十一年（1672）正月，噶尔丹取代其兄僧格，谋取准部统治权，遣使入贡，请求按其兄僧格例，准他"照常遣使进贡"。朝廷没有责备他违例，不经朝廷批准擅自袭爵，给予优容，同意了他的请求，实际是承认了他的合法地位。十五年五月，噶尔丹与和硕特部鄂齐尔图汗"内自相残"，将"阵获弓矢等物来献"，康熙帝以"朕心不忍"，拒收此种"礼品"，仍然收纳了"常贡之物"。这实际上也承认了噶尔丹对和硕特部的吞并。至十六年十月，噶尔丹不断侵掠各部，消息传到北京，康熙帝仍以容忍与和解的态度，指示理藩院：应遣使前去，向噶尔丹等各方"评其曲直，以免生民涂炭"，要他们仍如以前和好，共同"优游太平"。同年十二月，情况变得更加严重。青海墨尔根阿喇奈多尔济台吉等为噶尔丹所败，携"庐帐"数千余，逃至甘州、凉州近南山一带避难；"游牧番人头目"有济农布第巴图尔、额尔德尼和硕齐等率万余"庐帐"，逃入肃州境内暂为栖身。康熙帝闻报，指示在陕西的大将军图海，率军前往逐出，严饬官兵各固守防地；选干练人员前去说服他们，"令彼退回"，而对噶尔丹所为却无可奈何。

康熙帝

　　康熙帝对噶尔丹的政策，是基于以下两个方面的因素：第一，噶尔丹的军事活动还限于蒙古诸部及清朝鞭长莫及之地，尚未直接威胁或进攻清朝的行政区；第二，噶尔丹的问题还有一个逐渐暴露的过程，因为直到噶尔丹擅自称汗时，朝廷对他的政治意图和用兵尚不完全清楚，双方的矛盾远未激化到兵戎相见的程度。很自然，康熙帝对噶尔丹暂作容忍，保持礼尚往来的关系，在不违背清朝的根本利益的情况下，不予介入。

　　朝廷的宽容，显然助长了噶尔丹的骄横，胆子越来越大，他在千里大草原上任意横行无忌，没有谁能够阻止住他的铁骑奔驰。但他也保持了部分清醒，深知满洲、蒙古八旗能征惯战，还有一批名将，善于谋略，故不敢轻举妄动。表面上，对朝廷朝贡如常，而朝廷也予以笼络、安抚，"赏贡如例"。后来的事变证明，这种表面上的关系不可能长久地维持下去，随着噶尔丹的政治野心无限膨胀，向朝廷挑衅，矛盾迅速转向尖锐，其无限止的军事征伐，终于把战火引到朝廷的大门前。

　　噶尔丹残害其兄弟，劫夺爵位，擅自称汗，"兼并四部，蚕食邻封"，而且还出于经济与政治野心的双重考虑，他转而接近沙俄殖民主义者，很快发展到投靠，乃至勾结，共同对付清朝。

　　康熙二十二年（1683），清军正为雅克萨反击战做准备，噶尔丹却派出一支由70人组成的商队，前往伊尔库茨克，向沙皇递交他的一封信，声称：他们的主子（噶尔丹）已经得到俄国与中国在黑龙江上发生摩擦的消息，特派他们到莫斯科来。他的最终目的是同俄国"结成军事同盟"，才能"征服蒙古"。噶尔丹的表态和行动，支持和帮助沙俄对黑龙江的侵略，而沙俄也保证支持他统一蒙古，建立一个新的蒙古帝国，达到分裂和削弱中国的政治目的。

噶尔丹得到沙俄的鼓励和支持，积极准备攻取喀尔喀蒙古即漠北蒙古。

喀尔喀蒙古，即今外蒙的广大地区，分为三个部：东为车臣汗部，西为扎萨克图汗部，居中者为土谢图汗部。在噶尔丹发动进攻前，喀尔喀蒙古内部也发生了内乱，主要是扎萨克图汗与土谢图汗矛盾激化。在清朝的调停下，双方宣誓，言归于好。

喀尔喀内部和好，并没有维持多久，就被沙俄与噶尔丹从中挑拨而遭到破坏。

康熙二十六年（1687）四月，也就是喀尔喀三部会盟的第二年，噶尔丹有意挑起事端，制造矛盾，致书土谢图汗之弟、喀尔喀大喇嘛哲卜尊丹巴胡图克图，指责他在喀尔喀三部会盟时，与达赖的使节西勒图平起平坐，所谓"抗礼踞坐，大为非礼"，横加指斥。不仅如此，他还致书清朝理藩院尚书阿尔尼，就此小事大加挞伐，言词十分激烈。同时也指责这位管理少数民族事务的长官阿尔尼，在主持会盟时不尊黄教与达赖，要"其明白致覆"，就是要求他明白答复！其狂妄、嚣张溢于字里行间。他一面制造舆论，一面拉拢右翼扎萨克图汗，与之会盟。果然，新任扎萨克图汗沙喇及大台吉卓特巴、赛音诺颜部台吉德克德黑等听命于噶尔丹，率部与他会兵，准备向土谢图汗发起进攻。

土谢图汗迅即上奏，请示如何处置。康熙帝仍坚持会盟誓言，不得与扎萨克图汗擅动兵戈。康熙帝又向噶尔丹发出敕书，命令他立即停止军事行动，罢兵息战。噶尔丹对康熙帝的指令不予理睬，必欲吞并喀尔喀而后已！

康熙二十七年（1688）六月初，噶尔丹趁土谢图汗的军队围

困色楞格斯克时，突然从背后发动了袭击。他亲率铁骑三万，越过杭爱山，向土谢图汗、车臣汗发动了强大的进攻。到八月初，仅仅两个多月左右的时间，噶尔丹的铁骑如一股狂飙，席卷漠北草原，所向披靡，土谢图汗、车臣汗部难以抵御，纷纷败逃。噶尔丹的军队迅速占领了喀尔喀蒙古。土谢图汗等三部落"数十万众尽弃牲畜帐幙，分路东奔，于九月投漠南，款关乞降"。

康熙帝接纳了喀尔喀三部属民，将他们分别安置在乌珠穆沁、苏尼特、乌拉特诸部，对土谢图汗与其弟哲卜尊丹巴也予以保护。噶尔丹则要求朝廷：对土谢图汗兄弟"或拒而不纳，或擒之"。康熙帝断然拒绝他的无理要求，在给他的敕谕中阐明了朝廷的基本方针："朕欲尔等解释前仇，互市交易，安居辑睦，永息战争。"指令噶尔丹"遵旨议和"，明确地表达了和平解决争端的愿望。

噶尔丹置康熙帝的和平方针于不顾，于康熙二十九年（1690）五月三日率军两万余，渡过乌尔扎河，展开了新的大规模军事行动。他们沿克鲁伦河南下，进入蒙古乌珠穆沁部境内，于六月十四日至乌尔会河东乌兰地方，该部额尔德尼贝勒博木布所属部民之牲畜、男女人口、财产"多被劫掠"，据报，"掠及四佐领之人"。噶尔丹已闯入边，但表面上还不想与清朝决裂，一再声明："中华与我一道同轨，我不敢犯界内地方"，"但索土谢图汗、哲卜尊丹巴而已。"他闯入乌朱穆泰部时，声明："我攻我仇喀尔喀耳，不敢犯中华界。"同年七月，噶尔丹遣达尔汉格隆谒见康熙帝，传达其言："喀尔喀，吾仇也，因追彼阑入汛界，向在中华皇帝道法之中，不敢妄行。"连达赖喇嘛也偏袒噶尔丹，向康熙帝游说："但擒土谢图汗、泽（哲）卜尊丹巴胡图克图畀噶尔丹，则有利生灵。"康熙帝识破了他们的意图，断然拒绝了他们的无理

要求。

噶尔丹横行大草原，威震西北，仍然惧于清朝的强大，还不敢明言同清朝开战。他口口声声追拿土谢图汗兄弟，不过是一个借口。康熙帝根据多方侦察所得情报，一语道出了实质："噶尔丹迫于内乱，食尽无归，内向行劫。"康熙帝指出："喀尔喀已归顺本朝"，噶尔丹攻击喀尔喀，实际上已"开兵端也"。原来，噶尔丹已处内外交困的窘境。

尽管噶尔丹反复声明"不敢"犯朝廷，却一再拒绝康熙帝的和平方针，拒不执行康熙帝提出的一系列有关和解的指令，而以不断扩大的军事行动向清朝不宣而战。康熙帝已认识到，噶尔丹"其势日张，其志益侈"，不容小视。但康熙帝除指令各边口严加防范，并不急于出兵，静观事态发展，等待时机；同时耐心地劝诫噶尔丹，希图他悬崖勒马，和平了结。康熙二十九年六月，他在给噶尔丹的敕谕中，强调指出："夫兵，凶器；战，危事，互相仇怨，无有已时，非计也。"康熙帝的友善告诫改变不了噶尔丹的野心，几道圣旨也阻止不住噶尔丹的铁骑的奔驰。当他肆意深入之际，康熙帝迅速作出决策：调集八旗劲旅，向噶尔丹进犯之地集结。约从三月间，康熙帝开始发兵。此前，还在二月时，康熙帝仅派理藩院侍郎文达率少量兵马前赴喀尔喀侦探噶尔丹动向。随着噶尔丹军事行动的逐渐深入，康熙帝陆续增派军队，特命理藩院尚书阿喇尼与一等侍卫阿南达统领鄂尔多斯、归化城（今内蒙呼和浩特）、喀尔喀、四子部落等蒙古军队约计6000余人，前往与文达会合。命都统额赫纳、护军统领马喇、前锋统领硕鼐等出征，先赴归化城，与文达调遣的喀尔喀兵赴土喇，与阿喇尼会合。至四月初，再选精锐600名，再从汉军每旗选章京一员，领

炮8门及炮手增援阿喇尼、额赫纳。因不足用，每旗发2门炮，计16门炮；每炮派将领一员、军校炮手2名。五月初，阿喇尼率部进驻洮濑（儿）河畔。

噶尔丹率2万余兵马，正在内逼，形势日益紧张。康熙帝意识到阿喇尼军队尚少，于是，增调科尔沁10旗的预备兵2000人；命喀喇沁、翁牛特、巴林等各出兵400人或500人不等，从禁军及汉军中派出部分军队。满洲、蒙古、汉军各佐领出骆驼一头运粮。

在调兵遣将时，康熙帝采取策略，利用矛盾，分化瓦解噶尔丹，如给噶尔丹之兄子策妄阿拉布坦及族人额林臣以优厚待遇。他还展开外交活动，警告沙俄不得帮助噶尔丹，否则即与中国"重开兵端"，自失其言，有损中俄已签订的《尼布楚条约》。沙俄遂不敢轻举妄动。

康熙二十九年（1690）六月二十二日，康熙帝召集朝廷大臣，下诏亲征噶尔丹。七月二日，发布命令，任命其兄和硕裕亲王福全为"抚远大将军"，皇长子胤禔为副将军，此为左翼，率主力出古北口；以其弟和硕恭亲王常宁为"安北大将军"（很快又改派康亲王杰书），和硕简亲王雅布、多罗信郡王鄂扎为副将军，此为右翼，率此主力出喜峰口。命内大臣国舅佟国纲、佟国维，内大臣索额图、阿席坦、诺迈、明珠、阿密达、都统彭春等14人随军参赞军务。七月六日，康熙帝为福全等众将士送行。常宁率大军也已于前二天，即四日自北京出师。两支大军按康熙帝指示的路线浩浩荡荡，出长城，北向巴林部，迎击正在南下的噶尔丹军。十四日，康熙帝也自北京出发，亲临前线视师，欲"一举而定"，"以靖喀尔喀之肆"。

在康熙帝的策划下，将噶尔丹诱至乌兰布通（今内蒙克什克腾旗南），距京师仅700里。八月一日，在此展开激战，自中午开战，延至次日，噶尔丹军队被彻底击溃。清军统帅中了狡猾的噶尔丹的假降之计，停止追击和拦截。到了晚上，噶尔丹利用夜色掩护，乘机溜走，马不停蹄，"狂奔绝漠而北，沿途饥踣死亡，得还科布多者仅数千人"。此役即于当月结束，康熙帝下令班师，凯旋而归。

然而，噶尔丹的确是个善于谋略、工于心计的才能卓异的人物，这在当时蒙古诸部中，称得上才冠群雄。他惨败后，曾发誓请降，绝不背叛清朝，还保持同清朝的臣属关系，对康熙帝表示恭敬，甚至给康熙帝上尊号。康熙帝一向反对此类徒具虚名的歌颂，何况由他请上尊号，康熙帝自然拒绝。他自逃离内蒙，因后方及所留辎重物资已被其侄策妄阿拉布坦夺取，人财尽失，有家难回；欲与内地贸易，经济关系也已断绝；其"人畜屡毙，劫掠无所获"，"困敝已极"，其处境可想而知。但他还给康熙帝上奏疏，陈述困难情况，请示康熙帝"恩赐"银两，以活其部民。康熙帝慨然应允，赏给千两白银。不久，又将扣留在归化城的商队1000余人归还给他。康熙三十年（1691）二月，康熙帝给噶尔丹发去一道敕书，向他陈说利害，促其认清形势，"如决计入降，益从优抚养，断不至失所"。在此之前，康熙帝还给达赖喇嘛写去一封信，要他做噶尔丹的工作，劝他回归清朝。康熙三十三年（1694）五月，圣祖又向噶尔丹发出敕书，要求同他举行"会阅"，一切问题都可"面议"。但噶尔丹阳奉阴违，对康熙帝的一系列建议和友好的表示，置之不理，暗中仍在进行军事准备，幻想灭亡清朝。据他的亲信丹巴哈什哈披露：他曾说，将约同青海诸台吉

及沙俄与他同攻中国。又暗中鼓动"回子"助他，"计得中国后立回子为中国主，彼（指噶尔丹）则取其赋税"。噶尔丹不顾康熙帝的苦苦劝告，仍然抱着灭亡清朝的政治野心，继续同沙俄勾结，双方使节频繁往来，密商合作事宜；散布他的反清书札，煽动叛乱；在蒙古草原到处流窜，继续侵掠喀尔喀，远至科尔沁部；派遣奸细，刺探清朝军情。更为严重的是，康熙三十一年八月，在哈密，噶尔丹派500余人将朝廷派去联络策妄阿拉布坦的使臣马迪及其随从人员、连同他们的马、驼及行李抢掠一空。

康熙帝看到噶尔丹毫无悔改之意，其志在与清朝对立，"积寇一日不除，则疆域一日不靖"。康熙帝遂决策征剿。噶尔丹统率其部民来去不定，居无定所，故不易捕捉其行踪。经多方侦察，到康熙三十四年十一月，终于得到可靠消息：噶尔丹流窜到巴颜乌兰地方（克鲁伦河的源头）屯聚过冬。康熙帝抓住这一时机，虽说已到严冬，仍决定三路进兵：

东路，由黑龙江将军萨布素统率东北三省兵，共6000人，加上厮役共1.2万人，担负迎击、阻其进兵的任务；

西路，由抚远大将军费扬古、振武将军孙思克等统率归化与宁夏兵，计满汉官兵及厮役共计24260余人，堵其归路；

中路为主力，由康熙帝亲自统率，合官兵厮役，共计32970人。

三路大军，加上预备军队，共动用十余万，火器大炮等尤其充足。康熙帝意图，接受前次噶尔丹于乌兰布通溜走的教训，此举务期歼灭！"此寇一殄，则边尘荡涤，疆圉辑宁。内安外攘，实在此举。"

经过数月的周密筹划和准备，康熙三十五年（1696）二月三

十日，康熙帝率中路大军自京师出征；西路军之一部孙思克所率一万兵马亦先于二月二十二日自宁夏起行，另一部由费扬古统领于二月十八日自归化城出征。萨布素所率东路兵则迟于四月初六日起程。三路大军"皆赴瀚海而北，约期夹攻。"

康熙帝率中路军先期逼近克鲁伦河。噶尔丹已成惊弓之鸟，突见清军白天而降，不禁大惊，连夜拔帐而逃，狂奔五昼夜，不意于五月十三日与西路军相遇于昭莫多（蒙语"大树林"之意），即今乌兰巴托南之宗莫德。噶尔丹尚有万余兵马，作困兽之斗，与清军展开一场血战。费扬古统率清军激战一日夜，至天亮结束战斗，"斩数千级，降三千，获马驼、牛羊、庐帐、器械无算"，其妃阿奴被鸟枪击毙。噶尔丹仅率数骑又一次逃脱。

六月，康熙帝驾还京师，此役结束。

噶尔丹经昭莫多决战，已到了山穷水尽的惨境，无处可归：伊犁旧部尽为其侄策妄阿拉布坦所并，自阿尔泰以西皆非己有。因连年同清军争夺，精锐丧亡，牲畜皆尽；回部、青海、哈萨克皆叛他而去。所以，此当惨败之后，西归伊犁不得，不为其侄所容；欲南投西藏，以路遥难至；欲北投沙俄，而沙俄拒而不受；听说翁金河有清军余粮运回宁夏，遣兵劫掠，又被清军夹击而败；欲再掠喀尔喀，听说有戒备，亦不敢进犯；遣使入藏，也被清军俘获。现存兵不过千余人。至九月，"四向已无去路，目下掘草根为食。"

这时，康熙帝又向噶尔丹发出招降的谕旨，但他执迷不悟，不肯服输。康熙帝认定："此贼一日不灭，则边陲一日不宁。"康熙帝返回京师后，给策妄阿拉布坦发去一道敕谕，明确地表明态度："噶尔丹穷凶极恶，不可留于人世，一刻尚存，即为生民之

不利,务必剿除,以安厄鲁特蒙古之生。"受尽噶尔丹欺骗、反复无常,且历经远征之苦的康熙帝,对他表示出内心的厌恶和痛恨,是理所当然的。他指使策妄阿拉布坦擒拿噶尔丹来献,如"杀之,则以其首来。"

康熙三十五年九月,康熙帝再次举行亲征,经归化城至宁夏。此行巡视边塞,主要是侦察噶尔丹去向,部署兵力堵截擒拿,但仍期待噶尔丹来降,约定以70天为期,逾期即发兵征讨。

康熙三十六年二月,康熙帝久盼噶尔丹归降,杳无回音,便再率精锐出塞亲征。命马思哈、费扬古两路进兵。此次为追拿"穷寇",无须多用兵,计两路不过5000多人。大军迅速深入,噶尔丹余部纷纷出降,他的亲信也望风归清,其子塞卜腾巴珠也被回人擒于哈密;策妄阿拉布坦拥劲兵设伏于阿尔泰山以待噶尔丹。至三月,噶尔丹自知"人畔(叛)天亡",四面楚歌,"日夕必就俘",遂饮毒药而死。横行草原数十年的一代枭雄——噶尔丹,就以此悲惨的结局结束了自己的生命。

清朝以八年的浴血战斗,终以全胜而告终。对此,康熙帝吟道:

四月天山路,今朝瀚海行。
积沙流绝塞,落日度连营。
战伐因声罪,驰驱为息兵。
敢云黄屋重,辛苦事亲征。

至此,多少年来,动乱不已的草原,总算又恢复了宁静,蒙古牧民重新过上安宁的生活。

清朝之胜利，自然顺应了历史的发展，适应了人民希望安定的愿望，平息噶尔丹之乱是得民心之举。康熙帝对蒙古的政策很宽松，很优待，不以武力和军事实力相威胁，而动之以情，待以诚恳，就是对噶尔丹的分裂也表现出极大的耐心，千方百计予以争取，在忍到极限而不能忍时，才毅然出兵征剿。这一政策，赢得了蒙古各部上层及下属的拥护，打击了顽固派，争取了中间派，而原先投靠朝廷者更忠心地为之效力。

四、巡行天下

1. 东巡

东巡，即指清朝入关后的历代皇帝巡幸盛京地区。盛京是满洲民族的发祥重地，是入关后的陪都。这对清王朝而言，有着至关重大的意义。

满洲民族的优秀首领努尔哈赤在赫图阿拉（今辽宁新宾）创建后金政权后，于天命十年（1625）由辽阳迁都沈阳。皇太极继其父之洪业，以沈阳为留守之地，不断征伐明朝的辽东守军。天聪八年（1634），皇太极改沈阳城为"天眷盛京"。崇德八年（1643），皇太极去世，其第九子福临即皇帝位，并改次年（1644）为顺治元年。1644年是中国历史上不平凡的一年：先有李自成进北京，推翻明王朝的腐朽统治；再有吴三桂拒绝农民军的招降，引清军入山海关；终有李自成败退，清朝入主紫禁城。对清王朝来说，顺治元年是新的历史篇章的开始，偏居东北的满洲民族开始进入更加广阔的中原汉族地区。盛京，在见证了后金政权由明朝的臣属部落发展成一个统治东北的地区性政权、并最终夺取全国最高统治权的全过程之后，亦随着1644年的到来，结束了它原

有的历史使命，转而成为已经定鼎北京的清王朝的留都。作为清朝的"根本之邦"，及祖宗陵寝所在地（努尔哈赤的六世祖猛哥贴木尔、曾祖福满、祖父觉昌安、父亲塔克世、伯父礼敦、叔父塔察篇古葬于永陵，努尔哈赤及其皇后叶赫纳喇氏葬于福陵，皇太极及其皇后博尔济吉特氏葬于昭陵），入关后的几代皇帝——自康熙帝至道光帝，均曾次数不等的东巡盛京地区，祭祀祖陵。

终康熙一朝，康熙帝先后三次东巡。这三次东巡，并非偶然之举，而是有深刻的政治背景寓于其中。

康熙十年（1671）玄烨进行了首次东巡。我们知道，康熙帝即位伊始，就肩负着巩固清朝统治，根治天下之乱的重要历史使命。但冲龄即位的康熙帝，并不具备相当的执政能力。顺治帝在临终之前，也充分认识到了其继承者将要面临的困难，遂选定索尼、苏克萨哈、遏必隆、鳌拜四位勋旧大臣暂时辅政，待时机成熟，再把朝政大权交还给康熙帝。四辅臣辅政初期，尚能保持和衷共济、共同决策。但这一局面，很快就被暗蓄异志的鳌拜打破。鳌拜拉拢遏必隆，打击苏克萨哈。为达到大权独揽的目的，鳌拜置年幼的康熙帝于不顾，肆意挑起事端、罗织"莫须有"之罪名，最终将苏克萨哈置于死地。朝中大臣畏惧鳌拜的气焰，多依附于他，甚至康熙帝的侍卫亦是鳌拜的亲信。鳌拜的专横跋扈严重得威胁到皇权的稳定，康熙帝遂秘密的组织了一支完全听命于他的少年卫队，日以玩耍角力迷惑鳌拜，鳌拜也渐渐的放松了警惕。康熙八年（1669），康熙帝见时机成熟，先将鳌拜的亲信派遣出京，削弱他的势力。五月十六日，康熙帝以议事之名召鳌拜入宫，鳌拜不知是计，甫入宫，就被一群少年按倒在地，一举擒获。康熙帝迅速指示议政王大臣等严加审讯，经和硕康亲王杰书等议政

王大臣等会议，共议出鳌拜罪状三十条。虽然鳌拜陷害忠良，扰乱朝政，但康熙帝鉴于其赫赫战功，不忍心将其处心，只给予鳌拜革职、抄没家产、本人拘禁的判决。

康熙帝粉碎鳌拜集团、惩治其亲信党羽，消除了威胁君主专制的内部政治隐患，他也真正开始亲政。清入关后的顺、康两朝，先有多尔衮专政，后有鳌拜擅权，这两者都与皇权的专制产生严重的冲突。康熙帝铲除鳌拜及其党羽，成功的保障了皇权的统一，进一步巩固了其作为天下之主的独尊地位。同时，年轻的康熙帝也以他的政治魄力成功地维护了太祖、太宗开创的洪业。这是值得用以告慰祖宗的重大事件。康熙帝的首次东巡就是在此历史背景下开始的。

早在康熙九年（1670），康熙帝就欲赴盛京拜谒太祖、太宗陵寝，以"天下一统致告"。后因太皇太后（即孝庄文皇后）有懿旨，以世祖（即顺治帝）升遐十年，未能一诣陵寝，遂于九年八月先与太皇太后诣孝陵（顺治帝之陵寝）展谒，随后再赴太祖、太宗山陵以告成功，尽展孝思。自古封建帝王出京巡幸，乃是举国上下的重大事件。加之康熙帝的此次东巡，又是清朝入关后首度回关外拜谒祖陵，意义非凡，康熙帝遂下令议政王大臣、九卿、科道等官详细商议东巡可行性及相关事宜。议政王大臣等以本年各处多有水旱灾荒，且时间紧迫，应用之物，预备不及，奏请暂行停止。

十年（1671）正月，康熙帝再次提及躬诣太祖、太宗山陵展祭之事。恭谒孝陵之礼已成，他希望乘此海内无事之时，赴盛京躬谒福陵、昭陵，以告成功，用展孝思。祭拜祖陵，关系重大，康熙帝在得到了太皇太后的支持之后，随即谕令礼部拟定谒陵之礼，并令各衙门速行备办各项需用之物。九月初一日，康熙帝以

寰宇一统，躬诣太祖、太宗山陵展祭，行告成礼。初三日，驾出午门，素服，不奏乐，不设卤簿，在京王、贝勒以下及文武大小各官跪送，王、贝勒以下文武大臣出城远送。至十九日，驾至盛京，盛京及守陵文武官员在城外十里跪迎。甫至盛京，康熙帝即率诸王、贝勒及文武大臣先谒福陵，随即又拜谒昭陵，行三跪九叩礼，三献爵举哀。二十日，又诣福陵，设牺牲酒帛等物，并于隆恩殿前读祝，行告成礼。二十一日，复诣福陵致祭，亦设牲帛几筵等物于福陵前，举哀、读祝如前仪。祭祀完毕，康熙帝回驾盛京城内，周视盛京内外城池。自古封建帝王乃"九五之尊"，得以亲睹天颜，乃是举国称庆之事。闻知康熙帝临幸盛京，盛京城内外无论老幼，皆跪列道旁。康熙帝令随侍大臣，凡年老及鳏寡孤独之人，皆赏赐银两，以令其均沾恩泽。他又谕令盛京将军阿穆尔图，查验盛京披甲旗人中被伤老病及退甲闲散之人。二十二日，诣昭陵，设牺牲酒帛等物，于隆恩殿前读祝，行告成礼。二十三日，复诣昭陵，设牲帛几筵等物，读祝致祭。祭毕，康熙帝遣王、贝子、内大臣至永陵致祭，行告成礼。同日，以礼成，康熙帝入盛京城，御清宁宫大清门，设仪仗奏乐，面赐盛京将军、副都统、侍郎，年老致仕都统、副都统、侍郎及永陵、福陵、昭陵总管以下，现任、解任文武大小各官蟒貂裘、貂袍、狐腋袍、缎匹、镀金玲珑鞍辔、镶宝石玲珑撒袋、全副弓箭、镀金玲珑刀等物。宴毕，又召将军、都统、副都统、侍郎、总管等官至御前，亲自以金瓯赐酒；其余官员，命内大臣等遍赐之；又召八十以上耆民至御前赐饮。

此次东巡，康熙帝甚为感怀，他对随侍大臣说："朕展谒山陵，惓惓在念。今得至发祥重地，拜谒陵寝，用展孝思。祭礼已

成，朕怀大慰。"其言也挚，其情也殷。康熙帝随后又召披甲负伤老病及退甲闲散之人四百余名至御前，各赐银二十五两。他唯恐此等之人不能均沾恩惠，令盛京将军阿穆尔图，随时查出，陆续奏闻。康熙帝在赏赐群臣及披甲执役人的同时，也对地方吏治提出要求："盛京地方民风淳朴，无甚难理之狱讼，地方官要爱养军民。农业乃满汉人民生存之本，须多方劝谕，开垦耕种。"对守陵总管、副总管等，康熙帝令其"凡一应祭品，必亲加虔视，务心诚敬，以副朕之孝思"。

盛京之行，康熙帝频下恩诏，减刑减赋：奉天府宁古塔等处，除十恶死罪不赦外，凡已结未结死罪，俱减等；其军流徒杖等，则俱宽释。自山海关至奉天府所属地方，豁免康熙十年、十一年分正项钱粮。康熙帝以告祭礼毕，趁军士秣马之暇，周览盛京畿内地方形势，并于九月二十八日派侍卫往宁古塔，赏赐宁古塔将军巴海裘帽等物。

十月，康熙帝又经开原、铁岭，启驾往宁古塔。初二日，驻跸达溪达尔巴地方，宁古塔将军巴海来朝。初三日，康熙帝召巴海入见，询问宁古塔及瓦儿喀、胡尔哈人民之风俗，并谕令巴海："瓦尔喀、胡尔哈、人皆暴戾奸诡，尔其善布教化，以副朕绥远至意。"初四日，启驾回盛京。十一日，至盛京城北教场，盛京及看守两陵各官跪迎，康熙帝又赐年老男妇银两。十三日，因欲回京，康熙帝率诸王贝勒、大臣等诣福陵、昭陵行礼。复御盛京大清门，命扈从官及盛京将军以下文武官较射，康熙帝亦亲射数矢。康熙帝在巡视过盛京、宁古塔的地理形势之后，对东北地区的多民族杂居及战略意义，有了更为深刻的认识。在宁古塔召见过巴海之后，康熙帝仍不放心，遂又于回京之前再次召见巴海，在肯定了

巴海的贤能之后，又殷切的嘱咐他："飞牙喀黑折虽服，然其性暴戾，当善为防之。尤须广布教化，多方训迪。罗刹虽亦投诚，尤当加意防御。操练士马、整备器械，毋堕其狡计之中。"十四日，康熙帝起驾回京，盛京守陵将军以下文武各官及宁古塔将军，离城十里跪送。

此次东巡，无论对康熙帝本人还是对盛京地方官来说，都是精神与情感上的感慰。康熙帝亲临祖宗的发祥之地，切身地体会到了创业之艰难，更加感到肩上责任之艰巨。而对于盛京地方官而言，原以为道里驾远，终身疏离，不曾想得以在盛京本地目睹皇帝之天颜。加之康熙帝亲赐酒爵、衣帛等物，真是做臣子之大幸，怎能不令其终生难忘！

十一月初三日，驾进朝阳门，在京王、贝勒以下文武各官，穿朝服，于午门前跪迎。康熙帝诣太庙，行告至礼毕，回太皇太后宫问安。初九日，康熙帝以谒陵礼成，御太和殿，王以下文武各官行庆贺礼。颁诏天下，诏曰：

"朕惟帝王诞膺天命、抚育万方，皆由祖功宗德，缔造维艰，俾后人克享成业。所以天下一统之后，必展告成之礼，甚钜典也。我太祖高皇帝创建宏图、肇兴景运，太宗文皇帝布昭功德、式廓丕基。至世祖章皇帝统一寰区，大勋既集。即欲躬诣山陵，展祭告成，未遑修举。朕缵承隆绪，上托祖宗洪庥，天下底定。仰体皇考未竟之志，躬诣福陵、昭陵，虔修祀事，以告成功。礼竣旋京，湛恩宜沛。于戏！继述无疆，永著显承之盛。昇平胥庆，益彰乐利之休。布告天下，咸使闻知。"

康熙帝

到了二十一年（1682）玄烨又进行了第二次东巡。

康熙帝铲除鳌拜势力集团之后，再次掌控了最高决策权。这在强化了君主专制与中央集权的同时，也为国家经济的发展和社会稳定提供了和平的政治环境。但是，朝中争权夺势之危甫定，烽烟却又在清朝的西南疆土上燃起。这次给年轻的康熙帝提出挑战的，是清初所封之异姓藩王吴三桂、耿精忠等人。

在清朝历史上，曾册封过五位汉族异姓王，他们分别是定南王孔有德（初封为恭顺王，顺治六年改封）、平南王尚可喜、靖南王耿仲明（顺治六年畏罪自杀，爵位由其子耿继茂继承）、平西王吴三桂、义王孙可望（顺治十四年始降清，后闲居京师，不久病死）。

顺治六年（1649），顺治帝为巩固清朝江山，解朝廷"南顾之忧"，调定南王孔有德、平南王尚可喜、靖南王耿仲明南下征剿南明政权及农民军余部。孔有德负责征剿广西，尚可喜与耿仲明征广东。九年（1652），孔有德兵败桂林，自焚而死，因无子继承爵位而被除爵。十五年（1658），吴三桂由汉中出兵，征剿云贵，并连克贵州、昆明。在吴、尚、耿三人的奋力征剿之下，清朝南疆底定。清朝时期的两广及云贵地区，生活条件艰苦、环境恶劣，通常被称为"烟瘴之地"，满洲、蒙古八旗不宜驻防，故而清朝统治者决定将吴、尚、耿三人留镇此地。十六年（1659），顺治帝重新划分他们的镇守领地：吴三桂驻守云南，兼辖贵州；尚可喜驻守广东；耿继茂驻守福建。此三人驻守的领地至此确定下来，史称"三藩"。

清朝所封之藩王，只是爵位崇高、待遇优厚，封爵而不封土。但是，鉴于云贵、两广及福建地区的复杂性及台湾郑氏政权存在

所构成的威胁，清朝又不得不授予三藩王兵权、人事权、财政权等，且中央各衙门不得掣肘。这些特权使得三藩王的实际发展情况，越来越背离清朝最初设藩镇守的初衷。三藩王利用这些权力，在各自的领地里发展自己的私人武装、拥兵自重，甚至当地官员的选任、考核亦由其裁决。他们不仅在各自领地随意征收赋税，而且还向中央索取巨额的兵饷、粮饷。三藩越来越成为清朝的负担和威胁，成为与中央抗衡的割据势力，严重影响到国家政权的统一。

康熙帝亲政以后，就把漕运、治河与三藩作为亟待解决的三个重要问题。在铲除了鳌拜集团后，他乾纲独断，力排异议，借尚可喜主动请求撤藩之机，于康熙十二年（1673）下达了撤藩令。当康熙帝的撤藩令传到吴三桂处后，上下皆愕然不知所措，并由此引发了长达八年的吴三桂之乱。自康熙十二年十一月吴三桂起兵，宣布同清朝决裂，各地频有兵民从叛的消息传到京师，贵州、四川、两广、福建、甘肃、陕西、河北纷纷响应。在战争的初期，八旗劲旅已全无入关前征战南北的雄姿，望风披靡，一触即溃。康熙帝从容应对，恩威并用，各个击破，最终在耗费了巨大的人力、物力、财力的情况下，于二十年（1681）十二月，清军开始了战略上的全面反攻，盘踞在昆明城中的叛军开城投降。由吴三桂引发的叛乱，最终被平定。

康熙帝平息了由吴三桂引发的叛乱，从某种程度上说，是在新的历史条件下对国家进行了新的统一。解除三藩割据的局面，就是加强了中央集权。清朝自康熙朝始，由局部的割裂走向全面的统一。康熙帝在大清王朝生死存亡之际，维护了太祖、太宗所创之洪业。这是清朝在入关后又一次巩固了对全国的统治，为天下大治扫清了障碍。康熙帝亦在战事结束之后，自豪地说："今

云南等处，俱已底定，海宇清平，告祭天地、太庙、社稷毕，即应于陵寝行告祭礼。"他还特别指出，应拜谒关外三陵："盛京者，祖宗开创根本重地，朕时思念不忘。今值天下晏安，意欲躬诣山陵告祭。"

康熙朝的二次东巡即于二十一年（1682）二月十五日启行，皇太子随驾，在京诸王、文武群臣于午门外跪送。

三月初四早，康熙帝一行抵达盛京，盛京文武官员郊外跪迎圣驾。随后，康熙帝即率皇太子及扈从诸王、贝子、公等，蒙古诸王、台吉等，内大臣、侍卫、文武三品以上官员谒福陵，又谒昭陵，俱行三跪九叩头礼，三奠酒举哀。初五日，康熙帝再次率扈从诸王及大臣等至福陵，以云南底定、海宇荡平，读祝焚楮（祭祀时焚烧的纸钱），大祭宝城（帝王陵墓上面的城楼）。同时，移驻盛京城内。初六日，又率皇太子及诸王、大臣等再诣福陵，献玉帛、读祝，大祭隆恩殿。初七日，至昭陵，复以天下底定读祝焚楮，大祭宝城。初八日，复率皇太子及诸王、大臣等诣昭陵，献玉帛、读祝文，祭隆恩殿。随后，康熙帝驾幸大清门，赏赐陵寝官员、盛京地方官，以及年老致仕官员、中伤病退残疾之年老甲士。同时，又分别派遣尚书、侍郎、詹事、通政使等扈从官员祭奠盛京附近之勋旧大臣墓。

康熙帝首次巡幸盛京时，未至永陵展祭。故此次东巡，他特别强调要至永陵拜谒。在临行之前，康熙帝就密遣副都统穆泰及贤能官员，将所行途程与驻跸之处，自兴京通乌拉路途，详细绘图，并选通晓之员来京回奏。至本月初九日，康熙帝自盛京出发，至永陵祭祀，盛京文武官员在郊外跪送。十一日，抵达永陵，行礼、举哀、读祝、献玉帛，大祭之仪同福陵、昭陵。在致祭永陵

的同时，康熙帝又派内大臣等祭奠永陵近处满洲王公之墓。

在拜谒永陵之后，康熙帝又欲趁扈从人等秣养马匹之暇，省观乌拉地方。他事先谕令乌拉将军巴海等，与盛京将军商议应从何处带领兵丁候迎之事。三月十二日，至乌拉地方，并行围打猎。二十五日，康熙帝一行又抵达乌拉吉临地方（即今吉林）。因长白山之地是满洲的龙兴之地，康熙帝率皇太子及内大臣等扈从官员至松花江岸，东南向，望祭长白山。自二十七日至四月初六日，康熙帝、皇太子及其扈从官员都驻跸在大乌拉虞村（今吉林乌拉街），泛舟网鱼，遍赐群臣，并大宴前来朝见之地方官员。四月初七日，始启行回銮，至十六日至盛京。

四月十九日，康熙帝决定起驾回京。在临行之前，他又率扈从诸王等、蒙古王公及大臣等再至福陵、昭陵奠酒举哀。二十日，启行。康熙帝先命皇太子酌量带大臣、侍卫等从句骊河（即今之巨流河）大路回京。他自己则率诸王、大臣等往辽阳州千手佛寺降香。二十一日，康熙帝诣千手佛寺，将太皇太后发来之香资白金六百两，赐给寺僧。同日，他又至千山香岩等五寺，各赐寺僧银五两。五月初三日，率内大臣、侍卫等先诣孝陵致奠，又至两皇后陵寝举哀。初四日，御驾进东直门，入东华门，康熙帝随后至太皇太后、皇太后宫问安。

康熙帝的此次东巡，在展谒永陵、福陵、昭陵之后，又巡行边塞，访察民间疾苦。在乌拉地方，气候严寒，由内地发遣安插的犯人，不习水土，往往难以生存。康熙帝念及这些流人虽干犯国法，但既然已经免其死罪，就应令其生全。若仍投之乌拉这样的穷荒之地，终将踣毙。于是，他下令：以后免死减等人犯，俱发往尚阳堡安插，应发尚阳堡之人犯，则改发辽阳。至于反叛案

内应流人犯,仍发遣乌拉地方。康熙帝的乌拉之行,让他切身感受到了边塞之寒苦。也正是康熙帝的这一亲身经历,促成了康熙朝流人制度的相关调整和变化。

时至康熙三十七年(1698),再次巡行东北。

对于一个由多民族组成的国家政权而言,民族间的团结,尤其是边疆少数民族地区的稳定,是影响国家大局的重要因素之一。清朝虽然是由以少数民族——满族——为主体统治的少数民族政权,但其与历代中原汉族王朝一样,同样面临着如何处理与边疆少数民族间关系的民族问题。清朝西北地区(今青海、新疆地区)的厄鲁特蒙古,在康熙朝中前期,一直是威胁清朝领土完整、民族"大一统"的重要隐患。厄鲁特蒙古早在清太宗时期,就与清朝建立了朝贡关系。但是,由其内乱而引发、进而发展成勾结沙俄联合对抗清朝的军事冲突,导致了近十年的战争。

早在顺治时期,厄鲁特蒙古内部就纷争不断。至康熙初期,随着厄鲁特准噶尔部噶尔丹的崛起,战争的规模与性质越来越向不利于清朝的方向发展。到康熙二十三年(1684),噶尔丹已完全控制了西北地区,并不断地把分散的蒙古诸部凝聚成一股巨大的军事与政治势力,大有与清朝分庭抗礼之势。此时的清朝正忙于平叛吴三桂之乱、反击沙俄入侵,无暇顾及噶尔丹,只是在政治上采取宽容政策,避免同噶尔丹发生直接的军事冲突。但当噶尔丹得到沙俄的军事支持,积极准备进攻漠北蒙古,并置清朝和平解决漠北蒙古问题的指令于不顾后,康熙帝不再纵容其分裂国家的恶劣行径。二十九年(1690),康熙帝下诏亲征噶尔丹,并在乌兰布通(今内蒙克什克腾旗南)大败噶尔丹,噶尔丹借夜色之掩护潜逃,康熙帝凯旋回师。

但是，噶尔丹作为一股分裂势力却仍然存在，他也没有因乌兰布通之败而改悔。噶尔丹假意请降，并发誓不再背叛清朝。康熙帝在三十年（1691）和三十三年（1694）两次向其发出敕书，陈说利害，促使其尽早认清形势，并要求同其面商所有事宜。同时，康熙帝又向噶尔丹保证，如若决计归降，定"从优抚养"。但噶尔丹却阳奉阴违，再次对康熙帝的和平建议置之不理。他暗中勾结沙俄，并唆使回部依附于他，妄图灭亡清朝。噶尔丹在散布反清言论、煽动叛乱，并继续侵扰漠北蒙古之余，还派遣奸细刺探清朝军情，甚至还将清朝派往策妄阿拉布坦的使臣团抢劫一空。噶尔丹的所作所为已使康熙帝忍无可忍，决定再次对其进行征剿。在经过缜密的侦察之后，康熙帝得到噶尔丹藏身的确切位置。三十五年（1696）二月，康熙帝抓住战机，再次发兵，分三路进攻噶尔丹：中路军由亲自率领，西路、东路军则分别由孙思克、费扬古与萨布素统率。五月，费扬古所率之部在昭莫多与噶尔丹遭遇，清朝与噶尔丹的万余众激战一天一夜。结果，噶尔丹再次战败，仅率数人再一次脱逃。六月，康熙帝胜利回师。

战后，清朝又向噶尔丹发出招降的谕旨，但噶尔丹仍不服输。康熙帝深刻地认识到，噶尔丹的存在，将是对边疆稳定的巨大威胁，务必剿除。他指使策妄阿拉布坦擒拿噶尔丹，同时又于三十五年九月第三次亲征噶尔丹。三十六年（1697），康熙帝在久盼噶尔丹投降无果的情况下，再次率精锐出塞，并令策妄阿拉布坦于阿尔泰山设伏以待噶尔丹。噶尔丹余部及亲信望风即溃，纷纷投降。前有堵截，后有追兵，噶尔丹自知已是无计可施，遂于同年三月饮鸩自尽。清朝与噶尔丹长达八年的战争，最终以清朝的胜利而告终。

康熙帝三次亲征噶尔丹，最终大功告成。这三次军事成功的重大意义，不仅在于消除了长城之外蒙古地区的动荡因素，巩固了清朝大一统的政治局面，而且还在于捍卫了国家领土主权的完整。在打击噶尔丹分裂势力的同时，也粉碎了沙俄妄图侵吞清朝领土的野心。康熙帝有功于清朝，无愧"一代圣主"之美誉。正是在此历史背景下，康熙帝开始筹划他一生中的第三次东巡。三十七年（1698）七月初二日，他就谕大学士等："朕三次亲征，剿灭噶尔丹，皆祖宗庇佑所致。朕奉皇太后躬诣盛京谒陵告祭。但此时秋禾盛长，若由山海关而行，恐致践踏田亩，可取道口外前往。"

与以往两次东巡不同的是，此次东巡，皇太后与康熙帝已成年的皇子们也加入到了东巡的队伍中来。

三十七年（1698）七月二十九日，康熙帝与皇太后自北京启行赴盛京谒陵，皇长子多罗直郡王胤禔、皇三子多罗诚郡王胤祉、皇五子多罗贝勒胤祺、皇七子多罗贝勒胤祐、皇九子胤禟皇十子胤䄉、皇十三子胤祥随驾。出发之前，他有令不得践踏庄田，遂由密云县取道口外。因经过蒙古地方，蒙古王公、台吉及公主、额驸等不时前来进宴、朝见。康熙帝深悉抚恤蒙古之深意，频频赏赐前来参见之蒙古王公等白金、彩缎。且沿途若遇有蒙古已故王公贵族之墓，均遣官祭奠，甚至亲临奠酒——如科尔沁和硕达尔汉巴图尔满朱习礼之墓。八月，康熙帝一行至布尔喀毕喇地方行围。至十月十二日，始至永陵西，康熙帝巡阅兴京城。十三日，率诸王、大臣等谒永陵，行礼、奠酒、举哀，并赐守陵官兵银缎有差。十四日，驻跸琉璃河地方，盛京文武官员及兵民，跪迎圣驾。十六日，率诸王大臣等，谒福陵、昭陵，行礼，奠酒，举哀，

随后驻跸盛京城内。十七日，又至福陵隆恩殿前致祭。十八日，率诸王大臣等至昭陵隆恩殿致祭。同日，又亲临开国佐运之勋臣扬古利、费英东、额亦都三人墓前，设床，偏西北向，康熙帝坐床上，置奠池，各奠酒三卮。随从王、大臣、侍卫等及勋臣等子孙，皆于坟院内叩头。十九日，康熙帝至太祖、太宗时所御之宫殿。二十日，赐守陵官兵、执事人等，及奉天官兵银币、布匹。二十三日，奉皇太后回銮。盛京文武大小官员，及兵民、商贾、耆老、妇女、童稚等，感戴皇恩，俱集郊外，叩首欢呼，焚香跪送。在巡幸途中，康熙帝访得承德等州县本年田禾未得丰收，遂于二十六日谕令户部，将承德等州县应征米豆，概行蠲免。十一月十三日，康熙帝奉皇太后回宫。

康熙朝的第三次东巡至此结束。

综而言之，这三次东巡，都是在君主专制、国家统一、领土完整受到侵犯之时，康熙帝利用其政治智慧成功解除威胁之后的大背景下开始的。其东巡的首要目的，就是以此伟绩告慰开创清朝洪业的太祖努尔哈赤与太宗皇太极。在三次东巡的过程中，他又随时召见前来朝拜的蒙古王公、台吉等，并赏赐金银等物，加强了同蒙古诸部间的情感联系，巩固了满蒙政治联合体。与此同时，他亲历地方，体察吏治民情，更加有助于其做出正确的政治判断与决策，而不至被不贤官员欺蒙。所以说，康熙帝三次东巡的背景是复杂的，意义是多元的，绝不能简单得只以"告祭祖陵"视之。

2. 南巡

所谓南巡，即指康熙帝离京南下，经河北、山东以及黄河流

经之省份,终至江南的巡视过程。南巡之事,莫大于河工(主要是指治理黄河泛滥)。他一生中六次南巡(分别为康熙二十三年、二十八年、三十八年、四十一年、四十四年、四十六年),其共同的目的就是巡视治理黄河之工程及效果。虽不能说巡视河工是康熙帝南巡的唯一目的,但的确是其出巡南省的重要内容。

(1) 首次南巡

前文提到,康熙帝亲政之初,就将三藩、治河、漕运列为亟待解决的三件头等大事。自康熙二十年平定吴三桂之乱后,清朝政局逐渐平稳,统一台湾、暂时阻止沙俄对黑龙江地区的侵犯,威胁清政权稳定的外部因素基本消除。此时,黄河泛滥成灾,及漕运不畅,成为令康熙帝寝食难安的重大问题。虽然早在康熙十六年就起用靳辅为河道总督,开始大规模的治理黄河。但随后的几年间,戎马倥偬,康熙帝对治河工程的关注度略显不高,且朝中大臣对靳辅的治河方略及成效颇有异议。至二十二年(1683),靳辅奏报河工告成。康熙帝甚为欣慰。但是,朝中大臣对河道总督靳辅的非议,以及康熙帝本人对治河效果的担忧,很快就冲散了他内心的喜悦。二十三年(1684)九月二十八日,康熙帝出京狩猎。十月十七日,驻跸郯城县红花铺,漕运总督邵甘、河道总督靳辅前来朝见。当日的君臣对话,治理黄河的成效及相关事宜一定是不可回避的话题。第二天,他就下旨给河道总督靳辅称:"黄河屡次冲决,久为民害。朕欲亲至其地,相度形势,察视堤工。"同时下令御驾南巡,当日即行。东行狩猎在中途转变成了康熙帝执政生涯中的第一次南巡之行。

十月十九日,康熙帝自宿迁至桃源县,亲阅黄河北岸有险情之处,并指示河道总督靳辅:萧家渡、九里冈、崔家镇、徐升坝、

七里沟、黄家嘴、新庄一带，都是吃紧迎溜之处，甚为危险，要严加防护已经修筑之长堤与逼水坝。因为能否驾驭黄河，全凭堤岸是否坚固。河堤修筑坚固，就可免河水泛滥之患。黄河之水沿河道而行，就可冲刷河底之淤泥。泥去河深，又可保护堤岸之无虞。所以，各处堤岸要随时修筑，不可轻视。康熙帝对宿迁、桃源、清河上下之减水坝是否应留提出了自己的看法，他认为：减水坝皆可不用。因为一旦黄河之水泛溢，由减水坝横流，更增决口之隐患。在巡视河堤之余，他见堤夫劳作辛苦，亲加慰劳，并嘱咐靳辅要保障堤夫免受不肖官役之侵蚀，必使人人均沾恩惠。二十日，临视天妃闸。天妃闸水势湍急，康熙帝指授河臣改为草坝，另设七里、太平二闸，以分水势。二十一、二十二日，驾过高邮湖。康熙帝见民间田庐多在水中，心生恻隐之情。遂登岸步行十余里，察其形势，并召集当地生员、耆老，询问致灾之原因。回到御舟之后，他的心情久久不能平复，眼见黎民苍生受此疾苦，岂有不加拯救之理？遂成五言古诗一首，诗曰："淮扬罹水灾，流波常浩浩。龙舰偶经过，一望类洲岛。田亩尽沉沦，舍庐半倾倒。茕茕赤子民，栖栖卧深潦。对之心惕然，无策施襁褓。夹岸罗黔黎，跽陈进耆老。咨询不厌频，利弊细探讨。饥寒或有由，良惭主仓颢。古人念一夫，何况睹枯槁。凛凛夜不寐，忧勤愁如捣。亟图浚治功，拯济须及早。会当复故业，咸令乐怀保。"二十四日，乘沙船渡扬子江，风浪恬静，船行甚速。康熙帝对随从大臣说：自兴兵以来，恢复岳州、长沙，多得沙船之力。今海宇承平，昔时战舰，仅供巡幸渡江之用。但安当思危、治不忘乱。今乘此舟，并未忘却艰难用武之时，非以游观为乐。二十六日，驻跸苏州府城内，赏赐护军校、护军、前锋及执事人役，每人银三

两。二十七日，幸虎邱，观览吴阊风土人情，劝谕当去奢返朴，事副务本。又因御驾将及江宁，钟山之麓是明太祖陵寝所在，康熙帝念明太祖乃一代开创之令主，遣官祭祀。

十一月初二日，率内大臣、侍卫及部院官员等往谒明太祖陵，并于陵寝殿前行三跪九叩头礼，又于宝城前三奠酒。同日，御驾在江宁府，路过明时故宫，康熙帝感慨良久，后作《过金陵论》，以志其情。初三日，至江南教场阅射，命驻防将军、副都统、总兵等官及内大臣、侍卫等射箭。随后，康熙帝又亲射，右发五矢，五中；左发五矢，四中。初四日，赐居官清廉之江宁府知府于成龙，御笔亲书手卷一轴。康熙帝特别指出，御笔所书之字，本非职官应得之物，特以此嘉奖于成龙之清操；并鼓励他要有始有终，不改节操。同日，自江宁回銮。出石城门至仪凤门外，督抚、提镇以下文武官员及地方缙绅士民，不下数十万人，于两岸跪送。初十日，御驾再至高家堰堤工，随身扈从仅数十人，从武家墩、高家堰、高良涧、周家桥、翟家坝、洪泽湖，往返百里，河工要害，皆详细咨询。随后，康熙帝谕河道总督靳辅："朕观高家堰地势高于宝应、高邮诸水数倍，前人于此筑石堤障水，实为淮扬屏蔽，且使洪泽湖与淮水并力敌黄河之水。冲刷淤沙，关系最重。今高堰旧口及周桥、翟坝，修筑虽久，仍须岁岁防护，不可轻视，以隳前功。"十四日，他亲笔书《阅河堤诗》以赐河道总督靳辅。十五日，令太常寺卿葛思泰传谕旨，欲赴阙里祭拜孔圣人。至二十八日，始回到京师。皇太子率皇长子、皇三子及在京内大臣、侍卫、大学士等官出南苑南红门迎驾。二十九日，康熙帝由正阳门进午门，至太皇太后、皇太后宫请安。

至此，为期一个月零十天的首次南巡结束。

(2) 再次南巡

康熙帝第一次南巡时，对河道总督靳辅寄予了深厚的希望。但是，朝中的党争又使得他对靳辅的果敢有所质疑。靳辅不顾皇帝的建议，坚持自己的治河方略，这在康熙帝看来，似乎是不正常的。于是，本应是治河方法这一技术层面上的意见分歧，逐渐演变成了朝廷内部的政治纷争，勒辅也成了政治斗争的牺牲品。治河方法是否得当，是关乎国计民生的大事。朝中大臣谁也不敢擅作主张，于是再次请康熙帝南巡，亲视河工，以作最后定夺。

二十八年（1689）正月初八，康熙帝再次南巡，命皇长子胤禔随驾，即日起程。为防止劳民伤财，他特别强调，不必为御驾专门清修道路。在御驾至山东境内后，又下令蠲免山东省康熙二十九年的地丁正赋。十六、十七两日，康熙帝先至趵突、珍珠二泉，御题"作霖"二字，后至泰山之麓，祭祀泰山。二十二日，御驾至郯城红花铺。二十三日，率扈从大臣、江南江西总督傅拉塔、河道总督王新命、漕运总督马世济等，阅视中河。至支河口，康熙帝下马，坐于河堤之上，展开河道图指示诸臣。他强调治河不能纸上谈兵，要深究地形水性，随时权变。康熙帝通过实地的勘察，认为中河狭隘，逼近黄河之岸，且自徐州北镇口闸所出黄水及微山湖荆山口之水，俱归内运河，必流入中河；骆马湖之水，亦入此河。若遇霪潦之年，水势猛涨，万一黄河决堤，中河、黄河必混而为一。随后，他与扈从诸臣及靳辅、王新命等再次讨论了中河的利弊，康熙帝建议在镇口闸、微山湖等水大之处，开支河口，以泄水势。二十四日，由中河阅视河道，后自清河县渡黄河。二十五日，蠲免江南全省历年拖欠之地丁钱粮及屯粮、芦课、米麦豆杂税。二十八日，康熙帝简约仪卫、不设卤簿，由江南至

浙江观风问俗。二十九日，因经过高邮州等处，见有损坏之石堤，谕令河道总督王新命即行修葺。

二月十二日，康熙帝念大禹功德隆盛，遂亲撰祭文，至禹陵致祭，率扈从诸臣行三跪九叩头礼，并御制禹陵颂及序。十五日，驻跸杭州城内，传谕旨明日回銮。杭州将军郭丕等得闻谕旨之后，再三叩请圣驾再留数日，以慰杭州军民瞻仰之怀。康熙帝遂允再留一日。十七日，自杭州回銮。二十日，圣驾至苏松地区。当地官绅军民等进献本处所产土物，康熙帝轸念百姓，只取米一撮、果一枚，以慰子民殷殷来贡之意。苏松军民又叩请圣驾暂留数日，以致涕泪俱下。康熙帝勉允其请，令再驻一日。二十六日，至明太祖陵，进前殿行礼，又至陵前奠酒，并赐守陵之人白金百两。二十七日，至观星台，与群臣讨论天文。

三月初七日，康熙帝在回程途中，自七里闸、太平闸启行，阅视高家堰一带堤岸闸坝。他在勘察堤岸后，指授河臣：要修筑减水坝，以防湖水势大时冲决堤岸；同时提出，旧堤之外用土所筑之重堤，不足以抵挡水势，实属无益。从初七日至十七日，康熙帝一路行来，就治河遗留问题及新发现的问题，不断与扈从大臣、河道总督及地方官员商讨对策。至十八日，始至天津，皇太子、诸皇子及在京内大臣、侍卫等迎驾。康熙帝改由陆路启行，十九日，进崇文门，随后向皇太后问安。

康熙帝通过此次南巡，亲自勘验了靳辅治河方略的合理性和有效性。他承认自己对靳辅有所误解，恢复其官衔品级。随后，又令靳辅根据自己的治河经验和心得撰成《治河方略》一书，深受皇帝的嘉奖和信任。自此之后，凡遇有治河之事，康熙帝总会遣人询问靳辅的意见。

(3) 第三次南巡

在康熙三十五年至三十六年中，康熙帝始终忙于围剿噶尔丹的军事征战。当战事结束后，他发现，原本已大有起色的河务，此时已是败坏不堪。朝中一些大臣再次提议开浚下河，这一次，他断然予以否决。为将黄河水患彻底根除，康熙帝决定进行第三次南下实地考察。

三十八年（1699）二月初三日，康熙帝第三次南巡。在随驾的队伍中，有皇太后博尔济吉特氏，以及皇长子多罗直郡王胤禔、皇三子多罗诚郡王胤祉、皇五子多罗贝勒胤祺、皇七子多罗贝勒胤祐、皇八子多罗贝勒胤禩、皇十三子胤祥、皇十四子胤禵。巡幸队伍在大通桥登船。为防止随驾人员滥用民力，康熙帝谕令扈从之领侍卫内大臣等，随驾官兵及执事人等，尽量减少携带。勘酌人数，分配船只，避免扰累沿途百姓。十二日，康熙帝就漳河与滹河两水合流，水势泛滥的情况，命直隶巡抚李光地等地方官员前往勘察。如漳河故道可寻，即可开通，引入运河；如担心运河难容，即于运道之东，别挑一河，使之入海。二十一日，御舟停泊张八腊口。在此之前，康熙帝与皇太后俱是顺流南下，并无停留。鉴于此行之主要目的是巡视河工，他决定或明日晚，或后日早，与皇太后分行。二十八日，御驾往阅黄河以南高家堰、归仁堤等处。康熙帝坐船中审视黄河之水，登堤之后又用水平亲加测量，认为河身渐高，湖水较低，以致河水逆流入湖。湖水无出口，泛溢于兴化、盐城等七州县。他同时指出，治河之上策，唯以深浚河身为要务。至于黄、淮二河交会之口，过于径直，所以黄水常逆流而入。今宜将黄河南岸近淮之堤，更迤东长二三里，令其坚固。淮水近河之堤，亦迤东湾曲拓筑，使之斜行会流。如

此黄河之水，不至倒灌入淮。通过实地勘察，康熙帝明确认识到，河直则溜急，溜急则沙自刷而河自深。所以，应于清口西数曲湾处，试行浚直。巡视之后，又回至清口，等候皇太后船至。

三月初一日，与皇太后一同渡黄河。初二日，康熙帝仅带数十位扈从，乘坐小船，巡视烂泥浅等处。念及受灾地方百姓之困状，康熙帝特命将漕粮截留十万石，于高邮、宝应、兴化、泰州、盐城、山阳、江都受灾七州县，各留一万石，按时价减值发粜。剩余的三万石米，于邳州留八千石，宿迁、桃源、清河、安东四县各留五千五百石，亦较时价减粜。此外，再截留米十万石，于扬州、淮安各收贮五万石。初三日，又阅视黄河堤岸，指示河道总督于成龙加宽、加高王公堤。初四日，与皇太后一同登舟启行，初六日至高邮州。初七日，驻跸扬州府。此前，康熙帝在清水九里地方，用水平测量，河水高于湖水，遂命河道总督于成龙加意防护此处之湖堤，趁汛期未至之前，加急修固。十一日，他再次通过实地的测量指示于成龙，要修固高邮以上当湖堤岸、高邮以下河之东堤。十四日，御舟至苏州。苏州府属官兵士民齐集行宫，跪留圣驾。康熙帝从其请，于苏州再留三日，十九日起程。二十二日，至杭州府，蠲免淮安府属海州、山阳、安东、盐城，扬州府属高邮、泰州、江都、兴化、宝应九州县，及淮安、大河二卫康熙三十七年未完地丁漕项等银一十九万两有奇，米麦十一万石有奇。二十七日，康熙帝至演武场，亲率诸皇子射箭。随后又命十五善射、侍卫及官兵等依次射箭演习。二十九日，巡幸队伍开始返回京师。

四月十三日，在回程途中，他又亲至明太祖陵奠酒，阅视陵寝。又欲访察明代后裔，授以职衔，以其世守祭祀之事。在阅视

过明太祖陵之后，因其有破损之处，下令修饬，并悬挂御书"治隆唐宋"匾额。二十四日，御驾至汜水。二十七日，渡黄河，康熙帝乘小舟阅视新堤。

五月初六日，巡幸队伍行经山东。十六日，至通州。十七日，康熙帝一行抵达京师。

(4) 第四次南巡

虽然康熙帝先后三次南巡河工、亲临指授，但成效始终廖然。勒辅的继任者们，要么恪守成规，要么庸碌无能。朝廷投入了巨大的物力、财力来治理黄河，却收效甚微。一遇汛期，便险情频现。这种局面使得康熙帝深受烦扰。三十九年（1700），于成龙去世之后，任命张鹏翮为新任河道总督。张鹏翮在离京之前，康熙帝特别叮嘱他，洪泽湖、淮河与黄河交汇处是治河的关键所在，如何刷深黄河河道也是费心之处。张鹏翮上任伊始，就拆除下游拦黄坝，以加速黄河流速。他凡事悉听康熙帝指授，各项工程依次举行，黄、淮两岸堤坝的防汛效果也大为改善。虽然张鹏翮每事必奏，甚至每处工程都绘图呈览，但治河乃要务，张鹏翮欲请康熙帝亲眼目睹工程情况，以安皇上担忧之心。四十年（1701）底，他上疏奏请康熙帝再次亲临河工指示方略，康熙帝并未立即允准。但当张鹏翮主持修筑的河堤等工程，经受住了四十一年洪水的考验后，圣心大悦，在坚定了治河信心的同时，也决定第四次南巡河工。

南巡的队伍自四十一年（1702）九月二十五日自京启程，皇太子胤礽、皇四子多罗贝勒胤禛、皇十三子胤祥随驾。当日驻跸海子行宫，康熙帝率诸皇子及十五善射等演习武艺。

十月初四日，抵达山东境内。因皇太子胤礽患病，驻跸德州

行宫。康熙帝传谕，召索额图前来侍奉皇太子之疾。初七日，遣皇十三子胤祥祭泰山。在随后的几天里，皇太子一直在行宫养病，康熙帝则巡视山东吏治民风。至二十一日，皇太子虽病体稍愈，但仍需调理。因在德州驻跸已久，康熙帝下令，除留皇太子在德州休养外，其余人返回京师，明年再阅河工。二十六日，御驾返回宫中。

四十二年（1703）正月十六日，康熙帝再次巡视南河，仍然是皇太子胤礽、皇四子多罗贝勒胤禛、皇十三子胤祥随驾。二十四日，至济南府，先至巡抚衙署，后观珍珠泉，并御书《三渡齐河即事诗》一章，令悬于衙署之门上。又至趵突泉，御书"源清流洁"匾额；书"润物"匾额，悬挂于珍珠泉；书"学宗洙泗"匾额，悬挂省城书院内。二十六日，康熙帝登泰山，驻跸泰安府。在巡视途中，康熙帝见齐鲁地区民生不及以往，遂下令蠲免御驾经过地方康熙四十一年未完之钱粮，本年的地丁钱粮则分三年带征。

二月初一日，至宿迁。康熙帝由宿迁县五花桥渡中河，遍阅堤工，又渡过黄河，驻跸桃源县上古城。初三日，他遍阅徐家湾等堤、祥符等闸，及新修之河口。后又乘舟巡视堤工，至烟墩登岸。在经过实地的视察之后，他对河道总督张鹏翮提出建议：试将黄河矶嘴坝之一两处，作成长挑水坝；烟墩甚险，建挑水坝，以保守缕堤。初九日，康熙帝自桃源县登舟，遍视河堤，指授张鹏翮：加高桃源烟墩至龙窝一带堤工；于陶家庄以下杨家庄地方，挑浚引河；暂停修筑仲庄石闸；将祥符闸下板，堵闭草坝，酌量开放五堡闸。初六日，至扬州府城内。初九日，御舟渡江，登金山江天寺，御书"动静万古"匾额，令悬于寺中。十一日，至苏

州，阖郡绅衿士庶跪迎圣驾。康熙帝驻跸苏州府城内，赏赉扈从大臣及侍卫、护军、执事人等白金。十五日，临幸杭州。康熙帝至演武场，率诸皇子、善射侍卫等及杭州驻防官等射箭，演习武艺。十八日，康熙帝一行自杭州登舟回銮。

三月初一日，御舟过宝应县。初二日，康熙帝登岸，阅高家堰堤工。随后，指授张鹏翮：王公堤关系运道民生，最为紧要，应加固堤岸，淤滩不可恃。初三日，再次巡视高家堰、翟家坝等处堤工，令张鹏翮立即修补洪泽湖残缺之石工，切不可以苇草镶填，并争取在汛期来临之前完工。同时，还要于王家营对面之鲍家营开挑引河，泄黄河泛涨之水，并于两岸筑堤。初四日，康熙帝乘船经黄河南岸，观龙窝烟墩等堤，复渡黄河，阅九里冈等堤，并建议乘此水浅之时，加长清口西坝，并于刘河堤岸修筑挑水坝。十三日，御舟过天津卫。十四日，自杨村登岸，驻跸南苑。十五日，康熙帝回宫，至皇太后处问安。十六日，康熙帝召大学士、九卿等官，总结此次南巡，其言："朕此番南巡，遍阅河工、大约已成功。原任河道总督于成龙未曾遵朕指授修筑，故未能奏效。今张鹏翮一一遵谕而行。向来黄河水高六尺，淮河水低六尺，不能敌黄河之水，所以常有淤垫之患。今将六坝堵闭，洪泽湖水高，力能敌黄，则运河不致有倒灌之患，此河工所以能告成也。"康熙帝的喜悦之情溢于言表，桀骜不驯的黄河，终于有望被其治服！也正是因为河工即将告成，他特颁诏天下，大沛恩赉，诏内共列恩款三十八条。

(5) 第五次南巡

经过康熙帝及河臣的苦心经营，到康熙中后期，黄河已经在相当长的时间里没有发生大的险情和决口。黄河是否安稳，不仅

关系国计民生，更是政权稳定的重要保障。所以，自第四次南巡之后，对黄河的治理，他始终未敢大意。

从四十四年（1705）的正月始，康熙帝就开始筹划南下巡河。二十三日，在其发给吏、户、兵、工四部的上谕中，康熙帝不仅宣布再次南巡，而且明确了此行的目的：在以往南巡河工时，因黄河之水倒灌清口皆由仲庄闸，遂令河臣移仲庄闸，改建于杨家庄出口。工竣之后，河臣奏报黄河之水畅流入海，绝无倒灌清口之患。但朕尚未亲阅，今欲特莅其地，察验形势，用筹善后之规。其中河、黄河、运河有应加修防者，亦随宜指示，以图经久。

二月初九日，自南苑启程，皇太子胤礽、皇十三子胤祥随驾。二十六日，行至土桥闸时，康熙帝自豪地对扈从大学士说，河事已大治！他由衷地感慨道：初次到江南时，船在黄河，两岸人烟树木皆一一在望；三十八年则仅见河岸；四十二年则黄河水面离岸甚远。河身日益变深，岂不是大治！此次南巡途经之地的风气，以及百姓的颜面衣着，都大优于往时，甚至黄河下游地区连年丰收，这一切都让康熙帝既惊讶又欣慰——国富民饶，全赖整饬黄河之功。

三月初六日，入江南境。江南绅衿军民夹道跪迎，奏称："皇上轸念万民罹于水患，屡临河上指示修筑淮黄方略。故能丕告成功，永无冲决之虞。今复谋及万全，务期善后，不惮跋涉之劳，为小民阅视河道，亘古未有。"遂感恩叩谢，欢声雷动。初八日，御舟渡黄河，停泊清江浦，康熙帝巡阅杨家庄等处堤岸闸口。十一日，御舟泊扬州府城北高桥。虽然功成在望，但善后方略更为紧要。他在肯定了修筑天妃闸对防止黄河之水倒灌的好处之后，又指示河臣于惠济祠上下适中之处修建挑水坝三四处，王公堤亦

应修建挑水坝，同时加高、加固运河东堤等处。十八日，康熙帝万寿，他再次向河臣强调善后之重要性，堤岸卑薄之处仍须加意修固。二十五日，圣驾至松江府。二十七日，率诸皇子、江宁将军及副都统等武官射箭，演习武艺。

四月初一日，康熙帝一行至浙江省境内。在考察当地举贡生等诗字之后，他再次来到演武场，观看当地八旗驻防等武官、兵丁等射箭。初十日，起驾回銮。在回程途中，再次经过明太祖陵。此前，康熙帝曾有旨亲祭明太祖陵，扈从大臣等认为历次巡幸江南，皆亲诣明太祖陵寝祭拜，此次不必亲自行礼，但康熙帝称"明太祖系紧主"，必欲再次亲诣行礼。

闰四月初一日，自江天寺登舟渡江。初十日，巡幸高家堰，遍阅河堤。因高家堰石堤已修筑三年尚未完工，且草坝腐烂沉塌者居多，康熙帝令张鹏翮加紧修固。他特别强调高家堰的紧要性，应谨慎记之。随后，又巡幸惠济祠。康熙帝坐在堤上，看到堤岸高于水面有丈余，清水畅流，黄河仅成一线，他甚为欣慰，对大学士及河臣等说：朕留心河道，屡次亲阅。河之形势，必身历其地，始知成功可望。历次南巡，康熙帝都会亲到惠济祠巡视。十二日，他再次就惠济祠处的修筑事宜，指示河道总督张鹏翮：于惠济祠置标杆处，建挑水坝；祠后埽湾处，也应建挑水坝，以保淤滩，此二处挑水坝，俱不宜太长；下家汪旧坝，修建甚佳，再略加宽长。同日，渡黄河，停泊众兴集。十三日，阅视黄河九里冈。康熙帝对九里冈的堤工甚为满意，修鱼鳞埽，逐段挺出，逼溜开行，使洼处渐淤。同时，他建议于埽工钉桩处，可再建挑水坝二座；若恐水深，则先建矶嘴坝型出水。待其坝下渐淤，层次加修，则料不加多而功易成。二十三日，御舟过沧州。二十七日，

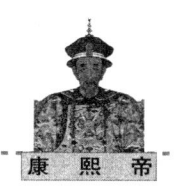

自河西务登陆，驻跸南苑。

(6) 第六次南巡

到康熙朝中后期，清朝基本上已进入晏安盛世。在这一历史阶段，发展农业经济，保证国富民饶，成为清朝的首要任务。黄、淮两河是东南农业经济的命脉，但同时也是威胁农业丰收的隐患。康熙帝此前五次南巡，皆是为指示河工而来。经过他的亲临指授，一切修防疏浚工程，已经次第告成。尽管如此，黄、淮工程仍不尽善。四十五年，河道总督张鹏翮等经过勘察，上疏奏请于溜淮套另外挑挖河道，直达张福口，以分淮水之势。此奏虽然经康熙帝允准，但督抚、河道等地方官又因事关重大，再次恭请圣驾亲临指导。康熙帝在地方官及九卿等的再三陈请之下，于四十六年（1707）开始了他执政生涯中的第六次南巡，并定于正月二十二日启行阅视河工。

正月二十二日，康熙帝在给皇太后问安后，自畅春园启行，阅溜淮套河工，皇太子胤礽、皇长子多罗直郡王胤禔、皇十三子胤祥、皇十五子胤禑、皇十六子胤禄随驾。

二月十九日，御舟停泊清河县运口地方。当日，康熙帝即往武家墩巡视。二十日，阅视溜淮套，由清口登陆，详看地方形势。在治河的问题上，康熙帝非常尊重自然规律，不务虚文，讲求实在可行。在阅视过溜淮套之后，他就此河是否当开，询问以河道总督张鹏翮为首的地方官员。但一应官员对河务的茫然与无知，令康熙帝甚为恼怒。康熙帝通过自己的实地勘验，断然否定其在京时之决策，认为此河断不能开，其因有二：一是若依所立标杆开河，毁坏民间田庐、坟冢不计其数；二是开溜淮套，必须凿山穿岭，成功系数很小，即便成功，汛水泛溢不漫入洪泽湖，也要

冲决运河。所以，与其开凿此河，不如挑浚洪泽湖出水之处，使其加宽加深，使清水愈加畅流。蒋家坝、天然坝一带旧有河形，宜再加挑浚，使通运料小河。如此一来，商民船只皆可通行，即便是漕船亦可挽运，造福甚远。二十一日，康熙帝自曹家庙回清口，沿途居民因所立开河标杆尽皆撤去，皆感皇帝之天恩。二十二日，召扈从大小臣工及总督、巡抚、司道、总河、河官近御舟前，列跪于岸，严厉地训饬张鹏翮唯以虚文为事，对河工事务漫不经心。康熙帝自二十三年至四十六年间，六次南巡，详观河形，已经形成了自己的治河心得。他认为：治河当看何处关系紧要，便保守何处。要因地制宜，不可执"自古治河皆顺水性"为今治河之计。

三月初六日，至江宁府城内。初七日，遣大学士马齐祭明太祖陵。初八日，至演武场，率诸皇子及善射侍卫、江宁官兵演习武艺。初九日，亲诣明太祖陵，乘步辇由东石桥至大门下辇，由东门升殿行礼毕，回行宫。十六日，御舟至苏州府。

五月初一日，御舟泊山阳县二铺地方。初二日，康熙帝再次就河工事宜，指授张鹏翮，古今治河之形势已大不相同，切不可墨守成规。初三日，渡黄河，阅御坝。二十日，自和韶屯登陆，至沙窝店驻跸。二十二日，回畅春园，诣皇太后宫问安。康熙帝第六次南巡结束。

黄河自古就是中华民族的母亲之河，它在滋养了中原沃土的同时，也连年泛滥成灾，无数田庐毁于水患。康熙帝六次南巡，以巡视河工为要务，兼察吏治民生、周览大好河山。在已无大规模军事征伐的历史背景下，此举无疑表明，国家行政的重心已转向经济建设。康熙帝历次南巡，皆亲临有险情之处，指陈方略，

各处挑浚、开挖、加固工程相继告成，黄河终于基本被制服。自此以后，沿黄河地区基本不再受水灾之患，各地相继出现了连年丰收的景象。这不仅使康熙朝的农业经济发展到新的台阶，而且也为雍、乾时期的繁荣奠定了坚实的基础。

3. 北巡塞外及巡幸西安

北巡，即指康熙帝巡幸塞外蒙古，以及至承德避暑、围猎，这也是康熙帝一生出巡次数最多的地方，共计四十五次。

蒙古是清朝的政治同盟，与其关系的亲疏远近，直接影响到清政权的稳定。康熙帝历次北巡塞外，都把抚慰、笼络蒙古王公、贵族作为重要的出巡内容。每次至热河避暑山庄，他都要召见蒙古王公贵族，并给予其大量赏赐。若遇有灾荒，更是派遣理藩院官员或其他朝廷官员，及时地予以赈济。同时，他还派专人到蒙古地区指导当地牧民从事农业生产，以保证其生计。康熙帝用实际行动感化了蒙古王公及普通牧民，他们倾心归附于清王朝，从此实现了长城内外皆一家的和平局面。

北巡的另一重要内容就是围猎习武。清朝向以"国语骑射"作为民族特征，但入关后，随着天下逐渐晏安，加之汉民族儒家文化的熏染，很多宗室及普通八旗子弟已渐疏骑射。为使旗人不忘满族的尚武传统，康熙帝就以围猎的方式来训练军队，演习武艺。历次的围猎，均是以行军的纪律来要求。每次北巡围猎活动的安排也多过其他事项，最多达二十七次。

巡幸西安，康熙帝兄经直隶、山西，抵达陕西西安。在清朝，山、陕地区是至关紧要之区。因其与塞外蒙古接壤，一直是清朝重兵防守之地。康熙朝，山、陕地方督抚、布按官员，只选用满

洲旗人。至雍正朝，始改为满洲、蒙古、汉军、汉人兼用。康熙三十六年（1697），康熙帝出师塞外时，曾至山陕及宁夏地区。但当时军情紧急，他并未亲莅西安。四十二年（1703），在陕西督抚及河南巡抚等地方大员的恭请之下，决定巡幸西安。

四十二年（1703）十月十一日，御驾启程，皇太子胤礽、皇三子多罗贝勒胤祉、皇十三子胤祥随驾。离京后，巡幸队伍先后驻跸涿州、安肃县等地。十四日，康熙帝出行宫，率诸皇子、善射侍卫等射箭。十七日，驻跸新乐县，再次率诸皇子及侍卫等演习武艺。二十五日，至太原府，文武官员及绅衿士庶等跪迎圣驾。二十六日，召见山西巡抚噶礼，表明此次巡幸之意图，其言：因陕西、河南地方官恳请西巡，遂于冬时农闲季节，由晋及秦，观风问俗，考察民生。他在嘱咐噶礼要劝导百姓崇尚节俭的同时，又将康熙四十三年以前山西所属州县未完银两米草，尽行蠲免。同日，太原城百姓闻知康熙帝将起驾，齐集行宫前，恳求圣驾再留数日，康熙帝勉允再留一日。二十八日，御驾自太原起行，继续前行，驻跸徐沟县南。二十九日，至祁县郑家庄，康熙帝于行宫前阅太原城守官兵骑射，赏罚不等。

十一月初四日，御驾至山西洪洞县城南，遣官祭女娲氏陵。十一日，康熙帝一行抵达黄河岸边。康熙帝率诸皇子射箭，又令山西官员及扈从各官射。随后，御驾由阌河渡黄河，至潼关。陕西绅衿士庶等，跪迎圣驾。同日，遣官祭西岳华山。十三日，至渭南县城西，康熙帝率诸皇子及善射侍卫等射箭，继令固原提标官兵等演习武艺。十四日，至潼县温泉，遣官祭汉文帝陵。十五日，御驾终于抵达西安。阖城官兵及绅衿士庶等，皆跪迎圣驾。除当地官员前来迎驾外，青海和硕亲王扎尔巴图尔鄂尔多斯多罗

郡王董罗布、松阿喇布、多罗贝勒纳木扎尔额尔德尼，厄鲁特多罗贝勒巴图尔额尔克济农，喀尔喀台吉哈嘛尔戴青，青海台吉盆苏克等，前来朝见。十六日，至城内教场，率诸皇子及善射侍卫等，演习武艺，并赏罚有差。十七日，康熙帝恩旨蠲免陕西及甘肃康熙四十二年以前各项积欠钱粮。若四十三年直隶各省咸获丰收，即免秦省四十四年正供钱粮。随后，与诸皇子、侍卫等再次至城内教场射箭。十八日，康熙帝再次至西安府城外教场，检阅西安驻防八旗满洲、汉军及绿旗官兵军容。火器前锋、马步兵丁俱穿盔甲，各按队伍列阵，康熙帝率诸皇子及内大臣、侍卫等，亦披甲乘骑，遍阅各军。青海和硕亲王扎什巴图尔等、鄂尔多斯多罗郡王董罗布等、厄鲁特多罗贝勒巴图尔额尔克济农等、喀尔喀台吉哈嘛尔戴青等，随圣驾后，见官兵整齐、队伍森严、甲胄鲜明，无不互相叹异。十九日、二十日，康熙帝连续两天率诸皇子及侍卫等，分别至教场及箭亭射箭，以演练骑射。经过多天的巡视，康熙帝对西安军容甚为满意，他在临行之前对将军博霁说，江南、浙江、盛京及乌拉等处八旗，远不及西安兵丁之武艺娴熟，嘱咐其"勿令其变易"。二十二日，自西安回銮，驻跸临潼县温泉。在回程的二十八日，特命皇三子及侍卫等，前往视察三门底柱。

十二月初二日，康熙帝一行至孟津渡河。历半月有余，十九日，回至京师，至皇太宫问安毕，回宫。

康熙帝在其执政生涯中，先后东巡、南巡、北巡、西巡西安，其足迹几乎遍历大江南北。康熙帝有言："古人之君，居深宫之中，不知民间疾苦者多，朕于各处巡行，因目击之故，知之甚确。"可见，出京巡视，已成为他体察吏治民生的重要途径。实际

上，这种治国方式也确实有其实在的意义，产生了深远的政治影响。通过亲历地方，康熙帝观风问俗、考察吏治、检阅军容、游历山川、笼络蒙古。正是因为有亲身的勘察经历，所以在关键时刻，他能够因地制宜，做出准确的决策，解决实际问题，避免了封建官场中的图务虚文的弊端。这种孜孜以求的治国理念，在提高了行政效率的同时，也造福于无数百姓苍生。在巡幸的过程中，康熙帝不断亲自或遣官祭奠历代帝王陵寝及岳渎，并召见经过地方的儒家名士。他以实际行动表明了对汉民族传统、儒家文化以及历代汉族帝王的尊重，并以此赢得了汉族、尤其是广大汉族知识分子，政治与民族的双重认同。康熙帝的为政风格与治国理念，对其后继者——雍正帝与乾隆帝，产生了深远的影响。清朝也正是在他们的带领下，走向了封建社会的最后一个盛世——康雍乾盛世。

五、盛世建树

1. 整饬河工

经济是任何一个国家都赖以生存的物质基础。对于封建社会而言，农业经济是封建王朝的重要支柱。衡量农业经济是否发达的重要标准，就是粮食产量。民以食为天，粮食收成的好坏，又是决定社会稳定、政权巩固的重要因素。除了人为的战争之外，能够对农业生产造成影响的就是大自然界的洪涝干旱。

中国封建王朝的农业经济，最依赖的是黄河的灌溉。黄河用她生生不息的乳汁，哺育了我们的祖先，滋养了炫丽的原始文明。历经千百年的沉淀，最终凝聚成伟大的中华民族，屹立于世界民族之林。黄河不愧是中华民族的母亲之河。但是，黄河在成就了中国历代封建王朝的辉煌的同时，也因她桀骜不驯的性格给历代王朝带来了数不清的灾难。黄河穿越内蒙、山西、陕西和河南西部的黄土高原之后，裹挟着大量疏松的黄土奔流至华北平原。黄河流至河南荥阳以东地势平坦之地后，水势减弱，流速缓慢，从西北黄土高原上挟带而来的大量泥沙，在此沉积下来。日积月累，河床日益积高，甚至高出地面，正如诗中所描述的，"黄河之水

天上来"。每到雨季，河床容纳不下过多的河水，盈余的河水溢出河床，冲决堤岸，淹没大量农田，使中原及南方的重要农业生产区蒙受巨大的损失。北宋时期，黄河因大水改道，经江苏淮安府，与淮河交汇，最终流入大海。自此以后，黄河发大水，必倒灌入淮河，使淮河泛滥成灾。而黄、淮汇流之处，又与隋朝开凿的大运河相接。黄河之水若倒灌入淮河后，又立即倒灌入运河，冲决堤岸，并把泥沙带入运河，使河身变浅，以致漕船无法正常通行，使南北往来的漕运无法正常通行。南方富庶之地的物资，无法转运京师，国家财政大受其害，直接关系国家治乱，乃至政权的稳定。所以，治理黄河就是保障中原及南方主要粮食产区不受其害，保障漕运正常通行的重要前提，是关系国计民生的头等大事。

黄河泛滥成灾，是历代王朝都为之头疼的问题。清朝入主中原以后，自顺治元年夏以来，黄河几乎年年决口。朝廷征发民夫堵塞，却是屡塞屡决。黄河改道，到处冲决，沿岸百姓的生命及财产遭到严重损失，中原地区已成一片汪洋。到康熙朝，河患有增无减。据学者统计，仅康熙五年到十五年的10年间，黄河决口就达69次之多。康熙帝亲政后，深感问题的严重性，但苦于财力之不足，难以从根本上进行全面治理，只能量财而出，对紧要之处先行修筑。康熙帝深切地明白，治河已不是技术上的问题，而是演变成了政治性问题。故而，他把治河、漕运与平三藩作为同等重要的国家大事来对待，并把他们写成条幅悬在乾清宫中的柱子上，夙夜廑念。

康熙十六年（1677），新任命的河道总督靳辅，鉴于黄河河道已经败坏至极，到了必须马上整顿的关键时刻，遂向康熙帝提交了关于修治黄河的调查报告。他连上八疏，条分缕析治理黄河之

具体措施与步骤，并请康熙帝批准。治河乃是关乎国计民生之大事，为慎重起见，康熙帝几乎动员了朝中所有大小官员、机构会同讨论靳辅提出的治河措施。朝中官员一致认为，修治黄河是刻不容缓之事。但是，浩繁的治河经费再次成为困扰。因为，此时正值平吴三桂之乱的关键时刻，军饷不容片刻耽误，朝廷再也拿不出更多的钱来支持对黄河的全面治理。但随着平叛的军事形势的好转，朝廷由被动变为主动，最终的胜利就在眼前。十七年，清朝开始了全面治理黄河的大工程。康熙帝命河道总督靳辅担任总指挥，实施治河计划，并拨专款250万两白银，作为治河的经费。康熙帝作为清朝最高的决策者，不仅在政策上坚决的支持治理黄河，而且亲临治黄工地，阅视河工，对治河也有很高的见解。

就在靳辅主持治河的同时，清朝的平叛战争正取得节节胜利，并于二十年平定吴三桂之乱。二十二年，进军台湾，郑克塽归顺清朝。随着国内局势的稳定，治河成为最重要的政务。康熙帝决定亲自视察多灾多难的黄河，以及花费数以百万计的治河工程。二十三年九月，康熙帝首次离京南巡，在驻跸郯城之时，就明确向漕运总督邵甘、河道总督靳辅表示，此次南巡的目的主要就是巡视河工。当康熙帝到达江苏境内巡视黄河北岸诸险工时，指出萧家渡、九里冈、崔家镇、徐升坝、七里沟等处都是紧要之处，须时加防护新筑之长堤与逼水坝，并提醒靳辅要加厚增高各处防水堤坝。在他南行至天妃阁、高邮湖、淮安等处时，沿途有河工之处，必亲自视察。若看到有民间田庐被水淹没，则立即登岸，步行十余里，召见当地贫民，询问受灾的原因，掌握第一手有关黄河泛滥的资料。此行凡遇河工，康熙帝必亲自阅视，向靳辅等治河大臣提出自己的治河建议，并嘱咐应做之事，纵有花费，

亦在所不惜！同年腊月，他在高家堰大坝诸险要之处巡视之后，再三叮嘱靳辅要注意高家堰地区的薄弱环节，不能再出任何状况。就在康熙帝途次山东郯城县沙沟之时，他在御幄中当众挥笔，将前一日所作之诗——《阅河堤诗》，赐给靳辅。其诗云："防河纡旰食，六御出深宫。缓辔求民隐，临流叹俗穷。何年东稼穑，此日是疏通。已著勤劳意，安澜早奏功。"靳辅手捧此诗，心中激动不已。不仅是因为得到皇帝亲自赐诗的殊荣，而且是因为得遇如此圣明之君主，自己受过的委屈和劳苦都得到了应有的理解和尊重。即便是呕心沥血、为国捐躯又有何妨呢？他当即回奏，愿为康熙帝鞠躬尽瘁，以效犬马之劳。此后，康熙帝又于二十八年、三十八年、四十一年、四十四年、四十六年五次南巡。这五次南巡的目的，与康熙二十三年南巡是相同的，都为巡视堤工，亲自检验治河的效果而来。

通过细览河防诸书、河道总督历年进呈之河图，以及亲自阅视河工，掌握第一手治河资料，康熙帝在治河之术方面颇有心得。他参酌古今，认为治河不仅要去其害，而且还要资其力，以助漕运。在治河的二十多年中，虽有靳辅、王新命、于成龙、董安国、张鹏翮等人相继担任河道总督一职，但治河的总方针、总原则，以及具体的实施办法，都是由康熙帝与他们共同研究后，作出的决策。不仅如此，在南巡过程中，康熙帝还亲自测量工程质量。他所提出的意见以及治河之法，深切要害和实际，常令靳辅等人折服。

治理黄河、疏导运河，从十七年至四十六年，整整历三十年，最终治河功成。总结康熙朝治河之策，大致有三：

首先是修挖紧要之区。大运河自淮阴至扬州段，是黄河、淮

河与运河的交汇之处。因运河口距黄河、淮河交汇之处甚近，遇有大水，黄河之水很容易倒灌入运河，运河年年垫高。加之两河会合，湍洄激荡，为害最重。靳辅在吸取明朝潘季训治河经验的基础上，挑挖山阳、清河、高邮、宝应运河，将挑挖之土，增筑两岸，堵塞决口达三十二处之多。同时，又将运河之口南移至烂泥浅之上，自新庄闸西南挑河一条至太平坝，又自文华寺永济河头起挑河一条，亦接太平坝，达于烂泥浅，引导淮水以敌黄河之水，使其不能再内灌，阻止黄河之水到达运河之口。

其次是疏浚黄河入海口。北宋年间，黄河入海口因大水而改道，经江苏境内之云梯关，与淮河汇流入海。但因长年泥沙淤积，云梯关入海口在康熙朝时已被推出关外120里之远。黄河入海之途径受阻，沿黄河两岸就不可避免要遭受水灾。靳辅采取挑挖清江浦以下黄河河身之法，用挖出之淤泥在两岸修筑河堤。此法在使河水畅流的同时，也达到了束水攻沙的目的。黄河入海口处沙去河深，黄河之水通畅的流入大海，解除了对两岸堤坝的威胁，也保证了漕运的安全。

最后是开辟中河，这是清朝对运河建设的最大贡献。在隋朝开凿大运河之前，黄河是沟通南北的重要水上通道。隋朝以后，大运河取代了黄河的交通枢纽地位。但是，运河不能完全的脱离黄河，仍有一段需借助黄河河道为运道。黄河若泛滥，运河就无法通行。虽然明朝有凿清口、开泇河之举，但都没有从根本上解除黄河对运道的威胁。二十五年，靳辅在骆马湖开凿水渠，经宿迁、桃源，至清河之仲家庄出口，称之为中河，又称中运河。漕船若从南北上，出清口后，入黄河只需行数里，即入中河，直达张庄运口，从而避开黄河之险。自此，黄河与运河完全分离。二

十七年（1688），鉴于中运河逼近黄河，若黄河决口，中运河必与黄河合二为一，靳辅又加挑中运河，建闸筑堤，避免了中运河原有的弊端，基本达到完善。

清朝对黄河的整顿，无论是从治理规模、历时之久，还是影响之深远上，都远超历代封建王朝。康熙帝的英明决策自然功不可没，但是还有一个人，为治理黄河作出了重大贡献，他就是我们前面提到的河道总督、清朝著名的水利专家靳辅。

靳辅，字紫垣，汉军镶黄旗人。顺治九年（1652），以官学生考授国史馆编修，后改内阁中书，迁兵部员外郎。康熙初自郎中迁内阁学士；十年，升安徽巡抚；十六年，升任河道总督。正是勒辅的《治理河工八疏》，开启了清朝整顿黄、淮的历史新篇章。在升任河道总督以前，靳辅任安徽巡抚。安徽是受黄灾最重之省份，故而靳辅深知治河任务的重要性与艰巨性。他升任河道总督以后，在潜心研究历代治河经验、教训的同时，亲自勘察黄河中下游及黄河泛滥之区的地形和水势。在这一过程中，他形成了自己的治河思想，即：治理黄河与疏导淮河、大运河要同时并进。与此同时，他还选用颇富经验的治水专家陈潢作为幕僚，制定了切实可行的对黄、淮以及运河的综合治理方案。尽管客观的困难与人为的阻挠并存，但在康熙帝的支持下，靳辅还是于康熙十七年（1678）开始了对黄河的全面治理。

靳辅着手施工以后，主要的工程就是疏导黄河入海，并开挖新河，使运河远离黄、淮交汇之处。经过靳辅三年时间的整顿，失修多年的黄河逐渐归复河道，黄灾逐渐减少。但是，十九年、二十年，因连遭大水，虽然一些主要工程经受住了水灾的考验，但宿迁一带的堤坝则被水冲决。尽管靳辅日夜督工修筑，但朝中

大臣仍对其进行攻击，甚至有人完全否定靳辅治河已经取得的功绩。为此，康熙帝特派户部尚书伊桑阿等官员前往勘查，并要求其与靳辅共同商量，随时详细汇报。伊桑阿对靳辅所修工程的勘验结果是，工程不坚固、不合式之处甚多，请求康熙帝对靳辅等治河官员从重治罪。靳辅对这些责难一一申辩，坚称疏通黄河入海的合理性。康熙帝在难以分辨是非的情况下，将靳辅革职，令其戴罪修筑损毁之工程。二十二年，河工告成，康熙帝恢复靳辅河道总督之职。

　　此后，康熙帝非常重视靳辅的意见，并先后在徐州毛城铺、河南考城、仪封等地进行了大规模的筑堤工程。但是，康熙帝并不完全认同靳辅只关注防堵的治河理念。他认为，根本的解决办法应是开挖海口。加之伊桑阿等人回京后也提出开挖海口的建议，更加坚定了康熙帝的信心。二十三年，他下令由安徽按察使于成龙主持此项工程，靳辅则需给予支持。此旨一下达，立即在朝廷中引发了一场关于是否应该开挖海口的争论，并由治河技术的探讨演变成政治色彩浓厚的政治角逐。靳辅以多年经验和勘测发现，海口不能开挖，否则会引起海水倒灌，酿成更为严重的水灾，最好的办法就是筑堤束水，以抵御海潮的侵袭。但于成龙则坚决支持康熙帝的主张，开浚海口。二十四年底，在朝中多数大臣及当地百姓的反对下，康熙帝暂时放弃了开挖海口的主张。但二十五年，因汤斌一反先前反对开挖海口的态度，称开工有益。康熙帝乾纲独断，坚持开挖，并派孙在丰前往督工。随着开浚海口工程施工在即，朝廷中也展开了对靳辅是否有罪的辩论。经过九卿的反复讨论，康熙帝宣布将靳辅革职，仍戴罪督修河工。二十五年底，孙在丰在经过一番勘察之后，提出要求关闭所有减水坝，以

便开浚下河。靳辅担心此举会引起更大的决堤危险，所以上疏坚决反对。二十六年（1687），康熙帝当着朝中百官的面，要求靳辅将上游闸坝全部关闭，靳辅无奈，只得同意。至此，开挖下河的工程已经进入了准备阶段，但随即暴露的问题使开挖工程无法正常进行。令靳辅没有想到的是，对治河方略的坚持，让自己卷入了朋党案中。御史郭琇迎合康熙帝的旨意，上章参劾以明珠、余国柱为首的朋党。靳辅因一向得到明珠和余国柱的支持而受到牵连，被郭琇称为靳辅与明珠、余国柱等人糜费银两，大半分肥。自铲除鳌拜集团以后，康熙帝对结党营私深恶痛绝。明珠倚势弄权、贪纵枉法，受到康熙帝的制裁，是罪有应得。但因靳辅与明珠的朋党案有关，康熙帝就认为靳辅抗阻开浚下河，是另有图谋。康熙帝对靳辅的处理还算是理智，他在肯定靳辅治河功绩的前提下，令靳辅再次就开挖下河的问题与于成龙再次辩论。靳辅仍然坚持原有意见，朝中大臣迎合康熙帝意图，请旨处罚靳辅。二十七年三月，靳辅成为党争的牺牲品，再次被革职，王新命继任河道总督。后经康熙帝多方考察以及他自己的耳闻目睹证明，靳辅的坚持是正确的，遂于三十一年再次起用靳辅为河道总督。可惜的是，靳辅不久就病逝于任。随后继任的多位河道总督中，唯有张鹏翮得到康熙帝的赞许。倒不是因为张鹏翮有治河专长，而是因为他遵从康熙帝的旨意，在靳辅治河的基础上，尽力修补不足之处，在巩固以往治河效果的同时，也把治河推向了最后的成功。其实，康熙帝对张鹏翮治河功绩的肯定，也从另一方面证明了康熙帝对靳辅治河思想的认可。

在靳辅治河的过程中，他的幕宾陈潢助力良多。陈潢，字天一，浙江钱塘人。陈潢才华横溢，却怀才不遇，每遇科考，皆名

落孙山。愤懑之余，陈潢路过邯郸之吕祖祠时，在墙壁上题诗一首，以抒胸怀。恰巧靳辅遇之，引以为奇。随后，靳辅辗转找到陈潢，对其才学大加赏识，将其纳为自己的幕宾。自靳辅任河道总督以后，有关治河的建议与规划，很多是在陈潢的启发之下形成的。康熙二十三年，康熙帝首次南巡时，就曾问过靳辅，其幕宾为谁，靳辅奏称系陈潢。二十六年，靳辅因陈潢辅佐有功，向康熙帝疏言请赏，陈潢随后被授为佥事道衔。二十七年，靳辅因朋党案之牵连被革职，陈潢亦被削职衔。陈潢被逮捕入京不久，就病逝了。三十一年，靳辅官复原职，向康熙帝奏请，希望也能恢复陈潢原有职衔，但朝中大臣因陈潢已经去世，并没有同意靳辅的请求。

康熙朝对黄河、淮河以及大运河的治理与整顿，是功垂千古之盛事。康熙帝以治河为中心，兴修水利，防患于未然。不仅保证了沿河两岸百姓生命财产的安全，而且也为这些地区农业生产提供了良好的保障。中原及南方地区，是清朝的重要粮食产区，是京师的财政保障。治理黄、淮，表象上是技术上的操作，但实质上是关系国计民生、政权稳定的政治事件。正是因为康熙帝对黄、淮的有效治理，社会经济沿着繁荣之路大步向前。

2. 多伦会盟

中国的东北、西北和北部的"三北"地区，有着延袤万里的辽阔土地，是游牧民族生息繁衍之地。他们凭借本民族的骑射特长、尚武的民族精神，一次又一次地冲击着中原王朝的北部边塞。对财富的渴求，更促使他们不断挥戈南下，掠夺汉人的财富和人口。清朝以前的历代正史中，充满了游牧民族南下掠夺的战争记

录；同时也有中原王朝为保卫自身利益，主动出塞或发动反击的战争事例。不管是哪种战争形式，都给游牧民族和中原王朝带来了数不清的损失和灾难。自战国时起，为防御北方夷狄的入侵，各国就开始修筑军事防御工事——长城。秦统一天下以后，匈奴屡次南下，构成严重的威胁，秦始皇动用全国的人力、财力和物力，开始修建人类历史上最伟大的工程之一——万里长城。万里长城沿农业区的边缘，将广阔的草原和戈壁大沙漠隔离在农业区之外。秦以长城为军事防线，布兵设防。秦以后的历代封建王朝，同样面临北方游牧民族不时南下掠夺的困扰，长城也就从此肩负上了防御北方游牧民族入侵的重要军事使命。

清朝虽然也是由北方少数民族建立的政权，但她同样面临着北方蒙古不断侵掠的困扰。清朝在入关前，就非常关注蒙古地区的政治倒向。皇太极在征伐明朝之前，就首先征服了内蒙古，并迅速以联姻的方式确定了双方的稳定关系。尽管如此，在清朝入关后，蒙古对中原仍时有侵扰。康熙帝即位以后，以和平笼络与军事征讨相结合的手段，在"中外一家"思想的指导下，初步实现了对长城内外的统一。长城从此不再是划分"华夷"的分界线，也从此失去了军事上的防御意义。

清朝长城之外的蒙古，有漠南、漠北与漠西之分。漠南蒙古即今内蒙古之广大地区；漠北蒙古，即今外蒙古之广大地区；漠西蒙古则为今青海、西藏等地。其中，漠北蒙古又称喀尔喀蒙古，于崇德三年最先向后金奉表称臣，并献"九白之贡"。喀尔喀蒙古分为三部，东为车臣汗部，西为扎萨克图汗部，中为土谢图汗部。

喀尔喀蒙古虽臣服于清朝，但其内部时有内乱发生，主要是扎萨克图汗与土谢图汗之间矛盾的激化。康熙元年（1662），扎萨

克图汗旺舒克被下属罗卜藏赛音台吉谋杀，引发内部大乱，扎萨克图汗原属之部民，为求生存，逃难至土谢图汗部。九年，清廷命旺舒克之弟成衮袭爵，继任其兄之汗位。成衮屡次向土谢图汗索要此前因内乱而逃至其部的属民，但土谢图汗拒绝了成衮的要求。于是，成衮向达赖喇嘛与朝廷求助，经多次调解，双方达成妥协，扎萨克图汗与土谢图汗在库伦伯勒齐尔举行会盟。清朝理藩院尚书阿尔尼等主持会盟，双方宣誓，土谢图汗将原属扎萨克图汗之部民归还对方。喀尔喀蒙古内部的和解，对清朝在黑龙江地区抗击沙俄的入侵大有裨益。

但是，喀尔喀蒙古内部的和平并没有维持多长时间，就被噶尔丹从中破坏了。噶尔丹是厄鲁特蒙古准噶尔部巴图尔浑台吉第六子，他以替五兄僧格复仇为名，杀死篡位之长兄车臣及次兄卓特巴图尔，成为准噶尔部部长。噶尔丹趁厄鲁特蒙古内乱之机，占据厄鲁特蒙古四部之地，又兼并南疆，打败哈萨克、诺盖、柯尔克孜等民族。北达鄂木河，西至巴尔喀什湖以南，东至鄂毕河的中亚地区，尽为噶尔丹的军事控制范围。噶尔丹统一西北之后，改称汗号。他用战争的手段，把分散的蒙古聚集成一股强大的军事与政治力量，并逐渐向清朝的"大一统"政治理念提出明确而又强硬的挑战。特别是在取得了沙俄的军事支持以后，噶尔丹又把他的野心扩张到喀尔喀蒙古，并积极准备攻取喀尔喀蒙古。

康熙二十六年（1687）四月，噶尔丹故意挑起事端，致书土谢图汗之弟、喀尔喀大喇嘛哲卜尊丹巴胡图克图，指责他在喀尔喀三部会盟之时，对达赖喇嘛不恭，与达赖的使节西勒图平起平坐。不仅如此，他还致书清朝理藩院尚书阿尼尔，称其在主持会盟时，对达赖与黄教有不恭之处。欲加之罪，何患无辞？噶尔丹

一面制造舆论，一面又拉拢扎萨克图汗。因土谢图汗与扎萨克图汗原来就有嫌隙，经噶尔丹此番挑拨，此前的会盟最终被破坏。新任扎萨克图汗的沙喇及大台吉卓特巴、赛音诺颜部台吉德克德黑等听命于噶尔丹，率部与其会兵，竟准备向土谢图汗发起进攻，土谢图汗立即请示康熙帝。康熙帝最初的态度，仍希望和平解决喀尔喀蒙古之内乱。他一方面安抚土谢图汗坚持会盟的誓言，另一方面敕谕噶尔丹立即停止对土谢图汗的军事行动。但是，噶尔丹蓄谋已久，对康熙帝的劝谕并不予理睬。与此同时，沙俄的谈判代表戈洛文亦参与其中，试图拉拢土谢图汗。但遭到拒绝之后，戈洛文又对其进行威胁，扬言俄国军队一到，就要占领土谢图汗的领地。土谢图汗并没有被他吓倒，而是集结军队，把戈洛文所在的色楞格斯克包围。二十七年（1688），噶尔丹的军事势力终于延伸到了土谢图汗的领地。他趁土谢图汗军队围攻色楞格斯克之时，从背后发动了袭击。噶尔丹亲率骑兵三万余人，越过杭爱山，向土谢图汗、车臣汗发动了强大的进攻。土谢图汗与车臣汗抵御不住，纷纷败逃。但不到三个月的时间里，噶尔丹就占领了喀尔喀蒙古。喀尔喀蒙古数十万部民丢弃牲畜、帐篷，逃奔至漠南蒙古，"款关乞降"。

噶尔丹攻占喀尔喀蒙古，是因噶尔丹的扩张野心而引起的蒙古内乱，加之沙俄的参与，又演变成了中外势力相互勾结，试图侵吞清朝领土的严重政治与外交事件。据俄国与中国文献的记载，噶尔丹是根据沙皇陛下的谕旨发动战争的，具体行动由戈洛文策划，有大批俄国军人及大量火器大炮协同他作战。事实也确实如此，在噶尔丹向喀尔喀蒙古进攻的过程之中，他多次派使者赴伊尔库茨克，同俄国使团见面，就战事征询俄国人的意见。噶尔丹

叛国行径的后果是很严重的,他把戈洛文解救出来,直接打击了蒙古人民的抗俄斗争。同时,康熙帝派出的前往斯莫楞斯克与沙俄谈判的使团,也因噶尔丹战领喀尔喀而受阻,并使护送军队遭受重大损失。因为谈判受阻,致使沙俄在随后的四十余年,侵吞了喀尔喀北部的大片领土。

康熙帝接纳了逃难的喀尔喀部民,并把他们安置在乌珠穆沁、苏尼特、乌拉特诸部,对土谢图汗及其属下亦给予必要的保护。但噶尔丹却更加猖狂的要求康熙帝处治土谢图汗等人,康熙帝断然拒绝了他的无理要求。尽管噶尔丹如此嚣张,康熙帝仍然希望以和平的手段解决他与喀尔喀之间的矛盾。但噶尔丹并不理会康熙帝的和平愿望,于二十九年(1690)率军两万余人,渡过乌尔扎河,开始了新的更大规模的军事行动。他们沿克鲁伦河南下,进入蒙古乌珠穆沁部境内,在乌尔会河东乌兰地方,抢掠额尔德尼贝勒博木布所属部民之牲畜、人口。噶尔丹肆无忌惮的横行于蒙古草原之上,一而再、再而三的拒绝康熙帝的和平解决办法,并以不断扩大的军事行动向康熙帝挑衅。

其实,康熙帝早就说过,噶尔丹攻占已归顺清朝的喀尔喀,实际上就是向清朝宣战了。他更加明白,噶尔丹的这些貌似强大的军事行动,是在缓解其内外交困的窘境。噶尔丹把控准噶尔部政权二十余年来,他的子侄辈逐渐长大成人,侄子索诺木阿拉布坦是比他更合法的继承人。为了消除后患,噶尔丹先是毒死了索诺木阿拉布坦,随后他又试图谋害策妄阿拉布坦,以收斩草除根之效,但未能得逞。噶尔丹虐杀亲族的行径,激起了族内人的强烈不满。策妄阿拉布坦为求生存,率部众五千多人及其父时的旧臣,逃离了噶尔丹的控制。噶尔丹的叔父楚虎尔乌巴什之子额林

臣也继策妄阿拉布坦之后，逃出准噶尔部。这些人的叛逃对准噶尔部产生的影响是巨大的，准噶尔部内部的经济状况迅速恶化，实力大减，甚至出现了吃人肉的惨状！康熙帝虽然识破了噶尔丹的窘境，但他仍然认为这是一股不可小视的势力。于是，他迅速作出决策，调集八旗劲旅，向噶尔丹进犯之地集结。

二十九年（1690），康熙帝陆续向噶尔丹盘踞之地增兵，命理藩院尚书阿喇尼与一等侍卫阿南达统领鄂尔多斯、归化城、喀尔喀、四子部落等蒙古军队约6000余人，前往与文达会合；命都统额赫纳、护军统领马喇、前锋统领硕鼐等出征，先赴归化城，与文达调遣的喀尔喀兵赴土喇，与阿喇尼会合；选精锐六百名，又从汉军每旗选章京一员，领炮八门及炮手，增援阿喇尼、额赫纳，因不足用，每旗又发两门炮，每炮派交将领一员，炮手两名。但噶尔丹日益内逼，阿喇尼军队不足抵御，于是，康熙帝又调科尔沁十旗兵，喀喇沁、翁牛特、巴林兵，及禁军、汉军中的部分兵力，增援阿喇尼。在调兵遣将的同时，康熙帝还采取辅助手段，一方面分化、笼络噶尔丹的子侄等人，如策妄阿拉布坦及额林臣等都给予优待；另一方面展开外交活动，警告沙俄不得助纣为虐。康熙帝希望通过这些途径，孤立噶尔丹。

同年六月，康熙帝宣布将御驾亲征。左翼以其兄和硕裕亲王福全为抚远大将军，皇长子胤禔为副将军，率主力出古北口；右翼以其弟和硕恭亲王常宁为安北大将军，和硕简亲王雅布、多罗信郡王鄂扎为副将军，率另一股主力出喜峰口。同时，命内大臣佟国纲、佟国维、索额图、阿席坦、诺迈、明珠、阿密达，都统彭春等十四人参赞军务。左右翼先行，康熙帝御驾则随后起程。在康熙帝的精心策划之下，清军将噶尔丹诱至乌兰布通（今内蒙

古克什克腾旗南），并在此展开激战。噶尔丹军队被彻底击溃，但清军将领中了噶尔丹的诈降之计，停止了追击和拦截。至晚，噶尔丹借夜色之掩护，仓皇逃跑。

噶尔丹战败以后，给康熙帝及喀尔喀蒙古的王公贵族留下了深刻的教训。康熙帝认识到，必须要在喀尔喀蒙古建立起有效的行政管理。喀尔喀的王公贵族从这次惨痛的教训中明白，只有依靠清朝的保护，才能不再被侵犯。于是，在纳木扎勒的倡议下，喀尔喀王公贵族们主动要求清朝在喀尔喀蒙古实行与漠南蒙古四十九旗相同的管理制度。康熙帝趁此机会，派漠南蒙古科尔沁土谢图亲王沙津、理藩院侍郎文达等人率都统、副都统、参领、长史等，分赴喀尔喀各部，具体实施编旗以及增设扎萨克事宜。经康熙帝批准，此次在喀尔喀蒙古共编设十五旗。康熙帝成功地将皇太极创立的蒙古盟旗制推行到外蒙地区，确立了清朝对该地区的直接统治地位。

但是，行政法规并未能从根本上化解喀尔喀蒙古内部的矛盾。于是，康熙帝决定用蒙古的传统方式——会盟，来调解各部扎萨克之间的矛盾。

三十年（1691），康熙帝召集喀尔喀三部及内蒙49旗，在多伦诺尔（今内蒙多伦）举行会盟，史称"多伦会盟"。四月，康熙帝率文武大臣起程赴多伦诺尔，随后命先到达的喀尔喀及内蒙49旗王公贵族及其部众，从百里外向御营移近五十里，环御营屯驻。多伦会盟分为召见、颁赏、大会、阅兵、巡视等主要程序。会盟前，康熙帝授意内大臣索额图、一等侍卫吴达禅向土谢图汗传达他的旨意，令其先行承认过错，以便得到扎萨克图汗的亲人及部众的谅解。土谢图汗兄弟心领神会，分别上疏请罪。

五月二日，会盟开始。康熙帝首先召见土谢图汗、哲卜尊丹巴。康熙帝命大学士尹桑阿历数土谢图汗兄弟的过错，以致造成喀尔喀的内乱。但因他们能在最困难的时候，归附清朝，故而宽恕他们的过错。同时，康熙帝也表彰扎萨克图汗生前对清朝的忠诚。为补偿这一损失，将其汗位赐给其弟。

五月三日，颁赏。土谢图汗、哲卜尊丹巴、新任扎萨克图汗及车臣汗各得银千两、蟒缎与紬缎各五十匹，还有袍、帽、茶、布料等物，其余贵族亦按等级颁赏。除赏赐实物之外，康熙帝还册封诸王公、台吉爵位。

五月四日，阅兵。康熙帝亲穿甲胄、乘御马，检阅蒙古诸部军队，并亲自射箭。随后，康熙帝又选十五名善射之人，以硬弓表演射术。观看火炮、火枪演习，把阅兵仪式推向了高潮。以骑兵、步兵、炮兵组成的混合部队，各依次陈列，鸣枪放炮。在场的所有蒙古王公贵族，无不被清朝的军事力量震慑，土谢图汗竟悚惧失措。

五月五日，巡视。康熙帝亲自视察迁来此地的喀尔喀营寨，并赏银两及布匹给穷困之家。与此同时，又派人将喀尔喀蒙古散落之人，予以收容，并派阿喇尼等人前往喀尔喀，编定各旗分佐领，划分游牧之地。

五月七日，会盟结束。康熙帝回京之时，内蒙49旗及喀尔喀王公贵族跪于路旁，送别康熙帝。当康熙帝经过之时，王公贵族们皆依依不舍，甚至伏地流涕不已。康熙帝也被这一场景打动，饱含深情地说，若不是路遥天暑，定携蒙古大小王公贵族回京，但恐其不习内地水土，待再出边塞之时，一定立即召见。

多伦会盟彻底解决了喀尔喀的内乱，实现了喀尔喀蒙古内部

的团结，确立了清朝对他的直接统治。这不仅有利于清朝对噶尔丹的继续斗争，而且也是清朝民族政策的重大胜利。康熙帝自己对此也深感欣慰，在从多伦诺尔回京的途中，他就对随从大臣说，从情感与心理上感化喀尔喀蒙古，使其顺服，比秦始皇的万里长城更为坚固。

3. 文化工程

如果说经济是封建王朝得以存在的物质基础，那么文化则是这个王朝能够在历史长河中传承的精神符号。

满族在建立政权前，长期从事游牧渔猎活动，并无文化积淀，甚至连属于本民族的文字都没有，只能借用蒙古文字。后金国成立以后，在军事上攻城略地，所向披靡。但其思想文化，仍然落后于汉族。尤其是在清朝入主中原后，如何统治文化先进、人口众多的汉民族，是其亟须解决的问题。他们不能只用军事力量来治理天下，而是迫切的需要得到汉族知识分子的支持，这对于一个少数民族政权来说，具有深远的意义。

清初的统治者们很快就意识到了问题的关键所在。为了缩小与汉民族间的文化差距，他们不仅尊孔、祭孔，汲取汉族儒家的政治思想，以其作为治国的基本理念；而且修书、译书，大兴文化工程，极力争取汉族知识分子的认同。清入关之初，以多尔衮为首的满族统治者就开始举行尊孔、祭孔仪式，并封赏孔子的嫡系子孙为衍圣公，给予他极其尊崇的政治地位。康熙帝即位后，继续遵循这一文化政策，且远超前代，在中国历史上留下了垂名千古的文化盛事。

（1）尊重孔子及儒家文化，兼及汉族的传统习俗。

康熙帝亲政以后，随着知识的逐渐积累，他比前辈更清楚地认识到尊重儒学，对汉族知识分子的深远影响。康熙十七年（1678），时值吴三桂之乱，当清朝的形势由被动转为主动，康熙帝就开始强调儒学的重要性，阐发经史，召开博学鸿儒科，以备顾问之选。他说得很明确，"思得博学之士，用资典学"。在不长的时间里，就有180余人的名单上报朝廷。康熙帝并不急于开始这场特殊的考试，由于冬季白天较短，不利于答卷，于是将考期延后，改在来年的春天举行。他还命令礼部等相关部门，安排好参考人员饮食起居，每人发银、发米，以令他们无衣食之忧。至十八年三月，这场准备了半年之久的博学鸿儒科才在紫禁城里的体仁阁开始，试题的题目是《璇玑玉衡赋》《省耕诗·五言排律二十韵》。考试结束后，康熙帝与阅卷之大学士李霨、杜立德、冯溥，翰林院掌院学士叶方蔼等人阅完试卷后，决定录取彭定逑、汤斌、朱彝尊等20人为一等，李来泰、毛奇龄、施闰章等30人为二等，共计50人被录取。未被录取之人，康熙帝也作了妥善处理，现任官仍归原职，候补者仍令候补，未入仕者回籍。通过对儒学之士的尊重，康熙帝成功的缓解了汉族知识分子在民族情感上对满族的排斥。

除开博学鸿儒科吸引汉族知识分子外，康熙帝还亲自拜祭孔子，以博得明朝遗民、山林隐逸之士对清政权的认可，化解他们的敌对情绪。二十三年，康熙帝在巡视完河工之后，驾幸曲阜，亲自到孔子的故乡朝拜。十一月中旬，康熙帝御辇，排全副仪仗，自曲阜南门行抵孔庙，在奎文阁前下辇，由甬道旁步行至大成殿，在孔子像前行三跪九叩大礼。礼毕，康熙帝在大成殿前，濡墨挥毫，书"万世师表"四个大字，令人悬额于殿中，用以尊崇儒教，

垂视将来。然后，又令大学士明珠宣布谕旨："历代帝王到阙里致祭，多把金银器皿留在此处。今朕既然亲到此处，必要有异于前代，特将所有御用曲柄黄盖，留在孔庙之中，以示尊崇之至意。"朝拜孔庙之后，康熙帝又亲自到孔林，在孔子墓前跪祭酒三爵，并作"过阙里诗"一首。康熙帝的举措，把孔子的地位抬高到无以复加的地位。他用自己的行动表明，孔子是"至圣之道"，帝王要借鉴其治国之思想原则，公卿百姓也要学习其"以仁为本"的道德伦理思想，以达到修身、齐家、治国、平天下的根本目的。

康熙帝不仅尊崇孔子，而且还把汉民族信仰的英雄关羽尊为神，封为"关圣帝君"，每年四五月派官致祭一次。除"关圣帝君"外，其他如"太岁之神"、"城隍之神"、"先农之神"等汉民族信仰的神祇，也被康熙帝奉若神明，每年都按时遣官祭祀。甚至历代帝王，也被其提升至神明的地位，给他们专设神位。在他们的神位面前，康熙帝都表示出敬意，以后继者自居。凡此种种都说明，康熙帝尊重汉族文化与传统，并希望通过这种方式来消除汉族知识分子的疑虑，淡化他们对满族统治的排斥心理。从文化心理上，消除满汉两民族之间的隔阂。

(2) 兴建学校，培养人才。

培养人才、选拔人才，是国家昌盛的重要人力保障。清初，戎马倥偬，国家大部分的财政支出都用于战争，无暇顾及学校体系的建立与完善。至康熙朝，时任弘文院侍读的熊赐履，就曾向康熙帝上疏，陈述当时学校之制的败坏情况。学校制度完善与否，是一个时代文明进程的标志，也是统治者对文教重视程度的反映。

康熙帝即位之初，先是鳌拜专权，后有吴三桂叛乱，学校的凋敝之状并没有得到根本的改观。他亲政以后，大力提倡教育，

采取各种措施,在中央及地方掀起了办官学的热潮,初步形成了从中央到地方的学校体系,并分为中央与地方官学两个系统。

中央官学,主要是指设在京师的国子监,又称"太学",是清朝最高的学府,属礼部直接管辖。国子监的学生有两种来源:一是贡生,通过岁贡、恩贡、拔贡、优贡、副贡、例贡等形式,从全国选拔出成绩优异、品学兼优的学生送到国子监学习。一是监生,通常情况下,中央文官四品以上,外任文官三品以上,武官二品以上的职官,均得到朝廷的特殊照顾,可送一子入国子监读书,又称"恩荫"。若三品以上官员死于国事,也可送一子入监读书,此称"难荫"。中央除国子监之外,还设有专门培养宗室子弟的宗学,凡年满十岁以上未得封的宗室子弟,均送到宗学读书,接受教育。

地方官学,则是指设有全国各级行政区划中的府学、州学、县学。省级行政区划中设学政,掌一省之教育,主持每届的科举考试,并负责考核师生的优劣。经考试合格之后,入学受教育的士子称"生员",俗称"秀才"。未入学之前的士子称"童生"。地方官学所学内容,都是皇帝钦定的经书或皇帝主持编纂的图书。在府学、州学、县学上学的生员,还受到朝廷的优待,可免赋税徭役。甚至可以说,还享有一些特权,如拜见地方官时,可以不跪拜。府、州、县学的生员,可以通过乡试考取举人,再通过会试进入仕途。品学兼优之人,也可被推荐到国子监去继续学习。为了弥补偏远乡村的教育空缺,还在城镇设置社学。据学者统计,康熙时,仅安徽徽州一地,就有社学562所、县塾5所;书院则有54所,其中就有较著名的紫阳书院。

中央、地方各级官学的普遍设立,为国家培养了大批人才。

人才乃治国之本，历代封建王朝的有治之君皆注重对人才的培养与选拔。清朝虽然是少数民族入主中原的王朝，但非常注意总结历代的成功之处以及经验教训。尊重汉族文化传统、汲取儒家思想中的治国之道，以转化汉族知识分子的民族排斥心理，并为其所用。历史最终的发展进程也证明，在这一方面，清朝统治者是成功的。

(3) 修纂书籍。

康熙帝在开设博学鸿儒科的同时，也认识到这种单一的途径在召集山林隐士方面，有一定的局限性。他希望通过更加广泛的途径，取得更多汉族有识之士的认同与支持。大量编纂图书、刊行儒家经典之作，是吸引知识阶层，发挥他们作用的不可缺少的重要举措。

修纂《明史》，在康熙朝初年是最引人瞩目的文化盛事，也是最能满足明朝遗民故国之思的有效之举。因而，它比博学鸿儒科更加具有号召力。

其实，早在顺治二年（1645），清朝统治者就继承了新兴王朝为前朝修史的传统，设置史馆，组织史官编修《明史》。清初统治者希望通过编修《明史》，向汉民族昭示：明朝已经结束，满族人开辟了新的历史纪元。但由于当时清朝与南明诸政权的战争仍在继续，短时间之内难以集中全国的优秀人才，且很多明朝的史料又毁于战火，一时不易搜集，故修史一事也就中途告止。

到了康熙朝，编修《明史》一事再次被提上日程。康熙四年（1665），山东道监察御史顾如华疏请重开史馆。为成一代信史，顾如华建议，要广征海内"弘通之士，同事纂辑"。康熙帝以政治家的敏感，非常重视顾如华的请求，下旨搜集明朝天启朝以后之

事，以备纂修《明史》。但在筹备过程中，吴三桂兵起南土，修史一事再次被搁置。十七年（1678），康熙帝在开博学鸿儒科之时，命再次开史馆修《明史》。十八年，任命内阁学士徐元文为《明史》监修总裁官，掌院学士叶方蔼、右庶子张玉书为总裁官。先前经博学鸿儒科被录取的彭定逑等五十人，都被康熙帝任命为史官，参与《明史》的修纂工作。与此同时，监修总裁官徐元文还向康熙帝推荐了著名的学者黄宗羲、万斯同、刘献廷等人。尽管黄宗羲以母老及个人身体原因拒绝了康熙帝的召请，但他还是同意了朝廷派人到他家抄录他的明史著作，及其收集的相关资料。他的学生万斯同，也是博通古今，尤熟明代掌故之士。当初，他拒绝了参加博学鸿儒科，但在要写出高质量《明史》的强烈愿望的驱使下，在与其师黄宗羲商量之后，他还是与其侄子万言一起进京。当时的监修总裁官徐元文立即奏请康熙帝，授万斯同翰林院纂修官一职。万斯同拒绝了徐元文的好意，表示不入史馆，不受官衔，不要俸禄，只以布衣身份参与修史工作。他身居徐元文家，凡《明史》所成之草稿及相关史事的分歧，都由万斯同审校裁定，他已成为《明史》实质上的总裁官。继任徐元文的总裁官王鸿绪、陈廷敬仍旧请他居家审稿，最后万斯同竟客死王鸿绪家中。万斯同进京后不久，黄宗羲最终没能拒绝朝廷的邀请，还是派自己的儿子黄百家到北京，参加修史的工作。此间，与王夫之等互为师友的大学者刘献廷也被万斯同引见至京，参与编修《明史》。如此一来，修史就不仅是文化事件，而且也是笼络明朝山林隐逸之士的文化手段。康熙帝以内阁重臣主持《明史》的编纂工作，以明朝名儒为修书的主力，这些举措博得了很多士大夫的拥护和赞许。康熙帝自己对修史也表现出了很大的热情，散布于民

间的稗官野史和私人著作，都借修史之机被搜集并送至京师。《明史》开馆后，康熙帝还多次下令不拘忌讳，奖励进呈书籍的举动，并令地方官采访求购。于是，大量的图书资料源源不断的送入京师，为修史提供了充足的资料来源，保证了《明史》的修纂质量。

《明史》的编修工作，历四十余年。康熙帝去世前，全部书稿已完成。经雍正朝再修订，乾隆朝初年始定稿刊行。客观地说，在中国的二十六史中，《明史》的修纂水平是相当高的，可算是上乘之作。康熙帝也通过修《明史》这一文化事件，获得了政治上的成功。

除纂修《明史》外，康熙帝还编纂经史、文学方面的书籍。在紫禁城内，康熙帝设置专门的修书处，并各有专职——蒙养斋专修天文、历数、音律等方面的书籍；佩文、渊鉴二斋，专修经史、文学方面的书籍；清经馆则专门翻译满文、蒙文等少数民族文字的书籍。康熙一朝，文化盛事繁多，不可枚举。列其要者，以观其概貌：

十八年，以镇国公苏努为总裁官、大学士勒德洪等六人为副总裁官，纂修《玉牒》。《玉牒》是清朝皇室之家谱，不论是宗室还是觉罗，出生之子女系由何人、何年、何月、何日、何时所生，系第几男第几女，均需上报宗人府，以备编修玉牒之用。玉牒不仅记载皇室成员的出身，而且还记其婚嫁情况，是研究清朝宗室人口及联姻问题的重要参考资料。

二十一年，康熙帝刊布《御制诗》，并亲自为序。同年，又以大学士勒德洪等为总裁官，内阁学士阿兰泰为副总裁官，纂修《平定三逆方略》《平定海寇纪略》《平定罗刹方略》《平定朔漠

方略》等书，分别记载平叛吴三桂之乱、降服台湾、反击沙俄入侵、平定噶尔丹之乱等重大军事事件的全过程，为研究清朝军事战争史提供了宝贵的原始资料。

二十三年，康熙帝命大学士勒德洪、明珠、李霨、王熙等人为总裁官，内阁学士麻尔图、阿哈达、王鸿绪、汤斌等人为副总裁官，纂修《大清会典》。一代之兴必有一代之典，康熙帝命各总裁官，将太祖、太宗、世祖三朝的典章制度汇集成书，以备后世子孙永远遵行。康熙朝《大清会典》自二十三年至二十九年，历六年时间始告成。康熙帝亲自作序，阐明修纂《会典》的意义所在。康熙朝所修之《大清会典》作为清朝历史上第一本专门记载典章制度的书籍，不仅为清朝后世帝王制定、修改典章制度提供了参考，而且也为现代学者研究清朝典章制度的沿革提供了原始依据。《大清会典》告成之后，礼部等衙门又请求纂修《三朝国史》。康熙帝命大学士王熙为监修总裁官，大学士伊桑阿、阿兰泰、梁清标等人为总裁官，尚书张英、张玉书，左都御史陈廷敬等人为副总裁官，令这些人督率在馆诸臣，博采掌故，编修此书。历十余年，终成此书。

二十六年，康熙帝诏修《大清一统志》，著名学者刘献廷和著名地理学家顾祖禹、黄仪，均接受总裁官徐乾学的邀请，到其府下参与其事。

为提高满族，尤其是满族王公贵族及满大臣们的文化修养，尽快通晓儒家的思想宗旨，康熙帝亲自挑选经书，组织翻译成满文。正是在这一宗旨的指引下，三十年，满文版的《通鉴纲目》告成。康熙帝甚爱读此书，认为该书有助于治道，遂亲自裁定，并为之作序。

康　熙　帝

四十九年，康熙帝开始组织编修《康熙字典》。该书是张玉书、陈廷敬等人奉康熙帝谕旨而编修的汉字辞书。《康熙字典》采用部首分类法，按笔画排列单字，全书分为十二集，以十二地支为准，每集又分上、中、下三卷，并按韵母、声调及音节分类排列韵母及对应的汉字。从康熙四十九年至五十五年，历时六年，始修成此书。《康熙字典》以明朝《字汇》《正字通》为蓝本，有所增订的同时，对《字汇》及《正字通》二书中存在的错误，也进行了考辨与修订。《康熙字典》的历史意义就在于，它规范了汉文字的读音，是汉字研究的主要参考文献。

至四十九年，用康熙帝自己的话说，如《朱子全书》《佩文韵府》《渊鉴类函》《广群芳谱》等书相继告成。其中的《渊鉴类函》，后又改名为《古今图书集成》。

据统计，康熙帝主持编纂的典籍达六十种之多。康熙帝组织修纂、翻译汉文典籍，加速了汉族传统文化在满族中的传播，促进了满汉两民族的融合。他在文化事业上的一系列作为，都有利于社会走向安定。康熙帝主持的文化工程，提高了满族的文化素质，也缓和了满汉两民族间的矛盾，使社会走向安定，为清王朝的发展带来了新的活力。

六、家庭生活

1. 对祖母的爱

顺治十一年（1654），顺治帝的庶妃佟氏在紫禁城的景仁宫中诞下一名皇子，是为皇三子。皇三子的出生，并没有给他的父亲带来太多的喜悦。这不仅因为他的母亲只是顺治帝的庶妃，并不十分得宠；而且也因为当时政局尚未平稳，天灾人祸不断，纷繁的政务已使顺治帝忙碌无间，无心垂顾佟氏母子，甚至在很长时间内没有给这个皇子命名。直到顺治帝临终，决定由这个皇子即皇帝位之时，才匆忙命名为爱新觉罗·玄烨，他就是康熙帝。

玄烨出生后不久，就被抱离景仁宫，抚养在紫禁城西华门外之府邸（即今北京福佑寺），以避痘症。痘症即俗称的天花，顺治初年，在满族中发病率很高，很多王公贵胄因此而丧命。虽然当时汉人已有鼻吸疫苗的免疫之法，但出于对汉人的排斥，满族人并未采用此项避痘之法。玄烨虽被送出宫避痘，但还是在两三岁的时候染上了天花。令人庆幸的是，他最终战胜了天花，只是在脸上留下了一个个麻点。后来的历史发展进程证明，玄烨这次大难不死，不仅使他有了终身的免疫能力，而且也成为他能够登上

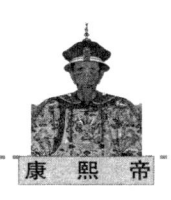

皇帝宝座的重要因素。这是因为，他的父亲顺治帝就是染天花而崩逝，在考虑皇位继承人时，德国传教士汤若望直言只有选立得过这种病的皇子为皇帝，以后才不会再受其威胁。于是，顺治帝在其遗诏中指定其皇三子玄烨为合法的皇位继承人。

玄烨在登上皇帝宝座之后，佟氏则母以子贵，被尊为皇太后。可惜，两年之后，年仅24岁的佟氏也因病薨逝。十岁的孩子，父母全失，是令人惋惜的。康熙帝自己也深有憾意。在他68岁时，追忆往事，仍称：父母膝下，未得一日承欢，此朕六十年来抱歉之处。康熙帝的感慨由心而生，是无比真诚的。所幸的是，虽然没有父母的关爱，但他还有一位无比挚爱着他的祖母，即孝庄文皇后。

孝庄文皇后，姓博尔济吉特氏，蒙古科尔沁贝勒寨桑之女，清太宗皇太极时封为永福宫庄妃，顺治帝的生母。清朝入关后最初的两任帝王——顺治帝与康熙帝，均系幼龄即位，满族政权的平稳与巩固，与这位孝庄文皇后的护持是密不可分的。尤其是在她的儿子英年早逝之后，她更是把所有的心血都用来培养、爱护她的孙子康熙帝。在日常生活中，不管是饮食、动履还是言语，孝庄文皇后都要求康熙帝要合乎矩度。即便是平居独处，也不允许他有越秩失礼之处。稍有过失，孝庄文皇后即严加督教。这种教育方法，对康熙帝一生的影响是至关重大的。他的许多良好的习惯与品格，都与年幼时受到的教育息息相关。孝庄文皇后不仅注重培养康熙帝个人的气质与性格，而且也非常重视培养他的执政能力。虽然贵为帝王，但康熙帝每天都有固定的学习课程。孝庄文皇后指定她的贴身宫女苏麻喇姑教授他学习满语，并于朝廷大臣中选择学问淹通之人，教习汉文经典。甚至在军情大事方面，

孝庄文皇后也给予了年轻的康熙帝很多的指点。如平吴三桂之乱，孝庄文皇后就建议起用图海为将军，并发内帑犒军。可以说，孝庄文皇后是康熙帝一生中，影响最为重大的特殊人物。

骨肉至亲间的情意，无法通过某一个具体的事例去描述。康熙帝对祖母的依恋，更是他人无法代替的。只要在宫中，他每日必诣祖母处请安。巡幸在外，遇有新鲜果蔬或野味，不管多远，必驰驿至京，请祖母品尝。

康熙二十六年（1687），孝庄文皇后病重。康熙帝亲自在慈宁宫侍疾，亲尝汤药，昼夜不离左右，寝食俱废。祖母宁憩之时，康熙帝就隔幔静等，席地端坐。一闻祖母声息，就至榻前。凡有所需，均用手侍奉。同时，传谕内阁，若非紧要之事，不得奏闻。康熙帝为祈求祖母病痊，不仅对死罪重犯，概行减等发落；而且步行至天坛祷祀。在祝文中，他深情地回忆着祖母的恩情：在我年幼之时，即承欢于祖母膝下。三十余年来，祖母对我教诲不倦，以至有所成就。如果没有祖母，就没有我的今时今日。罔极之恩，毕生难报。现在祖母病重，药饵无效，我只能率群臣请求上天保佑，让我的祖母病愈。如果大数将尽，我宁愿用我的寿命去延长祖母的寿命。在读此祝文之时，康熙帝涕泪满面，陪祀之人也被他的深情感动，无不流泪。十二月，康熙帝的祖母崩于慈宁宫。康熙帝的哀痛之情，用任何语言去描述都显得苍白。在祖母的梓宫前，他昼夜哭泣，水浆不进，日渐消瘦，以致昏迷。在上谕中，他不断地回忆着祖母对他的教导、养育之恩，甚至不愿意祖母的梓宫过早地离开紫禁城。

作为清太宗皇太极的后妃，太皇太后博尔济吉特氏本应与太宗合葬。他在临终之时，曾叮嘱康熙帝："太宗文皇帝梓宫安奉

已久，不可轻动。我心恋你的父皇和你，不忍心离你们远去。务必于孝陵（顺治帝陵寝）近地，择吉地安厝。如此，我的内心才没有遗憾。"太皇太后崩逝后，康熙帝按其遗嘱，于孝陵近处，择吉修建暂安奉殿，并将慈宁宫东新建之宫拆运至择吉处。二十七年正月（1688），康熙帝上太皇太后尊谥曰"孝庄仁宣诚宪恭懿翊天启圣文皇后"。因太皇太后宾天未久，祭文内遽改称尊谥，康熙帝内心不忍，命待梓宫奉安昌瑞山后，再改称尊谥。同年四月，移奉太皇太后梓宫于暂安奉殿。雍正二年（1724）十一月，改称孝庄文皇后暂安奉殿为昭西陵。

亲人已逝，令生者悲痛难当。康熙帝自八龄践阼，富有海内，唯独缺少父母之爱。是祖母的慈爱弥补了幼年天子亲情上的缺失，也是祖母的教诲与扶持成就了清朝历史上的一代圣主。祖孙相携渡过了鳌拜擅权的难关，走出了吴三桂之乱的困境。当康熙朝由乱而治之时，祖母却永远地离开了她挚爱的孙子。此时的康熙帝抛却帝王的威严与神圣，在祖母的梓宫前痛哭不起。在此后很长时间内，祖母的音容笑貌，总是形诸于他的梦寐之中。这种真挚情感的流露，令当时之人感动不已。即便是今时今日，翻开此段历史，亦令人有感于康熙帝的忠孝。

2. 三任皇后

皇后乃后宫之首，主皇家内治。在中国封建王朝中，皇帝选立皇后，带有浓厚的政治色彩。与皇帝联姻的家族，政治地位必须显赫。同样，若某一家族的女子得以选立为皇后，就意味着该家族日后的荣耀与壮大。所以，选立皇后，并非简单的姻亲关系的缔结，而是统治者对各个方面的政治力量进行综合权衡与考虑

的结果。

康熙帝的第一任皇后赫舍里氏，就是遵循这一原则选立的。康熙帝大婚之前，尚未亲政，而四辅臣中的索尼之孙女、鳌拜之女、遏必隆之女，均在备选之列。当时，鳌拜已有专权之势，遏必隆又趋炎附势，唯独索尼以三朝元老坚决拥护年轻的康熙帝，反对鳌拜专权。康熙帝的祖母在认清这一形势的情况下，最终将索尼之孙女选定为皇后。

康熙四年（1665）九月初八日，赫舍里氏被册立为皇后。入宫后，赫舍里氏先后育有两子。八年十二月，生皇子承祜，但承祜不幸于十一年夭折。康熙帝虽然口称"穉子事，朕无甚介意"，但内心却"郁闷不已"。十三年五月，赫舍里氏生皇二子胤礽，后被立为皇太子。赫舍里氏为康熙帝再次诞下嫡子的同时，也因难产失血过多而不幸薨逝。

赫舍里氏作配康熙帝十年，两人琴瑟和谐，感情很深。其薨后，康熙帝亲送其梓宫至巩华城（皇宫以外北郊沙河地区），并赐其谥号曰"仁孝"。在随后的三年时间里，康熙帝先后诣巩华城凭吊仁孝皇后八十多次，足见其情意之深切。至雍正朝，追谥曰"仁孝恭肃正惠安和俪天襄圣皇后"；升祔太庙后，又改谥曰"孝诚恭肃正惠安和俪天襄圣仁皇后"。乾隆元年、嘉庆四年，又先后两次追加谥号，史称"孝诚仁皇后"。

康熙帝的第二任皇后钮祜禄氏，满洲镶黄旗人。其祖父额亦都，清朝开国勋臣，与扬古利、费英东齐名；其父遏必隆，康熙初年四辅政大臣之一。钮祜禄氏自幼入宫，初封为妃。康熙十六年五月十一日，被册封为皇后。钮祜禄氏被册封为皇后仅半年，便于十七年二月崩于坤宁宫。她在有生之年，并未育有子女。康

熙帝赐谥曰"孝昭皇后",并将其梓宫与仁孝皇后一同暂放在昌瑞山。雍正元年(1723)增谥为"仁皇后"。乾隆元年、嘉庆四年,又分别为其增谥。史称"孝昭仁皇后"。

康熙帝的第三任皇后佟佳氏,满洲镶黄旗人。其父佟国维,官领侍卫内大臣。佟佳氏于康熙十六年(1677)得封贵妃,二十年又晋升为皇贵妃。二十八年,佟佳氏已然病重,康熙帝念其养育其他皇子极尽恩勤,特册封为皇后,以示抚慰与表彰。可惜,佟佳氏只当了一天的皇后,就崩逝了。她自己只育有皇八女,且早夭。

佟佳氏崩逝后,康熙帝辍朝五日,赐谥曰"孝懿"。雍正元年九月,加尊谥曰"仁皇后"。乾隆元年、嘉庆四年,又先后两次追增其谥号。史称"孝懿仁皇后"。

孝懿皇后崩逝后,康熙帝伤悼不已。《清圣祖御制文集·二》中收录了他所作的《挽大行皇后诗四首并序》。其言也哀,其情也挚!秋风瑟缩,无限凉意。康熙帝触景生情,悲从中来。虽然贵为一国之主,虽然掌控天下之生杀大权,面对妻子的崩逝,却无力回天!正当康熙帝青春之时,三位皇后却不幸先逝。锦衾犹温,琴瑟尚响,却不见妻子的身影。夜深人静之时,无限惆怅与思念,郁结于胸,无法释怀,更与谁人凭说?虽然这四首诗是作于孝懿皇后崩逝之后,但也是康熙帝对仁孝皇后和孝昭皇后共同的怀念。

3. 后宫的嫔妃

自古封建帝王广纳后宫妃嫔,已完全制度化与合法化。在清朝历史上,康熙帝是妃嫔最多的帝王。有确切姓氏、出身可考的妃嫔、庶妃,就有三十余人。在这些妃嫔中,有着严格的等级制

度，各有封号，地位不同。

贵妃钮祜禄氏。遏必隆之女，孝昭仁皇后之妹。康熙二十年（1681）封贵妃；二十二年，生皇十子胤祄；二十四年，生皇十一女，一岁夭折。三十三年，薨逝。康熙帝追谥为"温僖贵妃"，并命辍朝五日，贵妃所生皇子截发辫、摘冠缨成服。

贵妃佟佳氏。佟国维之女、孝懿仁皇后之妹。康熙三十九年十二月封贵妃，无所出。雍正即位后，不忘孝懿仁皇后抚育之恩，尊其妹佟佳氏为皇考皇贵妃。乾隆御极后，再次念及其自幼蒙康熙帝慈爱，抚育宫中，佟佳氏等太妃提携看视，备极周至，感念之至，于乾隆元年（1736）十一月，尊佟佳氏为皇祖寿祺皇贵太妃。佟佳氏薨于乾隆八年，追谥悫惠皇贵妃。为申敬意，三十三年，乾隆帝特命于景陵侧，为寿祺太妃另建寝岕。

德妃乌雅氏。满洲正黄旗人，护军参领威武之女。入宫后，于康熙十七年，生皇四子胤禛，即后来的雍正帝。母以子贵，十八年，乌雅氏被封为德嫔。十九年，生皇六子胤祚，五岁殇逝。二十年，晋封为德妃。二十一年，生皇七女，两个月即夭折；二十二年，生皇九女，即固伦温宪公主；二十五年，生皇十二女，十一岁殇逝；二十七年，生皇十四子胤禵。

雍正帝即位后，尊其母为皇太后，号仁寿。雍正元年（1723）五月，崩于永和宫。此前，雍正帝多次奏请皇太后移住宁寿宫，礼部诸臣亦请上徽号，均未得到皇太后的允准。其崩逝后，雍正帝奉其梓宫于宁寿宫，并于苍震门内殿倚庐缟素居丧，每日赴皇太后梓宫前上食三次，上尊谥为"孝恭仁皇后"。同年九月，孝恭仁皇后从葬景陵，与孝诚、孝昭、孝懿三后同祔圣祖庙，其神主位居孝懿仁皇后之次。至乾隆元年、嘉庆四年，又先后两次追赠

谥号。史称"孝恭仁皇后"。

慧妃科尔沁博尔济吉特氏。三等台吉阿郁锡之女，"以选待年"。但未及册封，就于康熙九年（1670）四月十二日薨逝。同年，追封其为慧妃。

惠妃纳喇氏。郎中索尔和之女。入宫后，于康熙九年生皇子承庆，一岁夭折；十一年，又生皇长子胤禔。十六年，始得封惠嫔；二十年，与宜嫔郭络罗氏、荣嫔马佳氏同晋封为妃。纳喇氏薨于雍正十年（1732）四月初七日。

宜妃郭络罗氏。满洲镶黄旗人，佐领三官保之女，康熙十六年封为宜嫔。十八年，生皇五子胤祺。二十年，晋封为宜妃。二十二年，生皇九子胤禟；二十四年，生皇十一子胤禌，十一岁殇逝。郭络罗氏薨于雍正十一年（1733）八月二十五日。

荣妃马佳氏。员外郎盖山之女。从康熙六年至十六年间，她先后生皇子承瑞、赛音察浑、长华、长生，但都不幸夭折，唯有十二年所生皇三女长大成人，即固伦荣宪公主。十六年二月，又生皇三子胤祉；同年八月，即被封为荣嫔。二十年，又晋封为荣妃。马佳氏于雍正五年（1727）闰三月初六日薨逝。

敏妃章佳氏。满洲镶黄旗人，参领海宽之女。康熙二十五年，生皇十三子胤祥；二十六年，生皇十三女，即和硕温恪公主；三十年，生皇十五女，即和硕敦恪公主。

章佳氏薨于康熙三十八年。她生前性情温良，久侍宫闱，敬慎有加，康熙帝深为轸怀。故其薨后，追封为敏妃。至雍正朝，因敏妃之子怡亲王允祥宣力劳著，有功于当朝，雍正帝特追谥为"皇考敬敏皇贵妃"。

和妃瓜尔佳氏。三品协领祜满之女，康熙三十九年封和嫔。

四十年，生皇十八女，不幸早夭。五十七年，晋封为和妃。六十一年十二月，雍正帝即位，因和妃侍奉圣祖最为谨慎，特将和妃封为贵妃。雍正十三年（1735），乾隆帝即位后，因念及圣祖朝诸位太妃对自己的抚育照看之恩，特为圣祖四太妃加尊号，和妃被尊为皇祖温惠贵妃。乾隆八年（1743），又尊为皇祖温惠皇贵太妃，以申敬意。

瓜尔佳氏于乾隆三十三年薨逝，享年八十有六。温惠太妃薨后，乾隆帝无限感叹，宁寿宫中再无圣祖时"九御之位"矣。忆及当年温惠太妃对自己的慈爱与抚养，乾隆帝更是悲不自胜，特命于景陵之侧，为温惠太妃另建寝穸。正是因为乾隆帝对温惠太妃有深厚的感情，才在同年又追谥为惇怡皇贵妃。

平妃赫舍里氏。领侍卫内大臣噶布拉之女、已故孝诚皇后之妹。康熙三十年，生皇子胤禨，二个月后夭折。赫舍里氏薨于康熙三十五年，追封为平妃。

良妃卫氏。满洲正黄旗包衣人内管领阿布鼐之女。康熙二十年，时为宫女的卫氏产下一子，是为皇八子胤禩。卫氏薨于康熙五十年十一月二十日。

宣妃博尔济吉特氏。科尔沁达尔汉亲王和塔之女，康熙五十七年封为妃，无所出。乾隆元年（1736）八月初八日薨逝。

成妃戴佳氏。满洲镶黄旗人，司库卓奇之女，初事圣祖时被封为嫔。康熙十九年，生皇七子胤祐。乾隆五年（1740）十月三日薨逝。

定嫔万琉哈氏。满洲正黄旗人，郎中拖尔弼之女。康熙二十四年，生皇十二子胤祹；五十七年，册封为定嫔。雍正帝即位后，奉皇太后懿旨，对兄弟辈之母，当加意相待。因万琉哈氏多年侍

奉圣祖，甚为谨慎，久列嫔位，特晋封为妃。

定妃在雍正年间，即由允祹迎养于府邸。遇有岁时令节及寿辰，则迎入宫中，行庆贺礼。《清高宗御制诗二集》就载有"庚午正月恭祝皇祖定妃太妃九旬千秋诗"。

万琉哈氏薨于乾隆二十二年（1757），享年九十有七。时值乾隆帝巡幸在外，特派皇子等往奠。乾隆帝虽未亲临，但宽慰允祹节哀的同时，也命内务府，一切应备之物，除王府所备外，如有不敷，自应动用官物。定太妃寿跻百龄，在康熙帝诸位后妃中，实属罕有。

密嫔王氏。知县王国正之女。康熙三十二年，生皇十五子胤禑；三十四年，生皇十六子胤禄；四十年，生皇十八子胤祄，七岁薨逝。五十七年，始被册封为密嫔。雍正二年（1724），尊为皇考密妃。乾隆帝即位后，因密妃诞育庄亲王允禄，允禄不仅在雍正朝宣力多年、公忠体国，而今又辅佐乾隆帝办理政务，故加密妃尊号，尊称为顺懿密妃。顺懿密妃薨于乾隆九年（1744）四月。其薨后，乾隆帝特命和亲王、大阿哥穿孝，并辍朝三日。随后又奉皇太后，亲临顺懿密太妃宫致奠。

勤嫔陈氏。满洲镶黄旗人，二等侍卫陈希闵之女。陈氏入宫后，于康熙三十六年生皇十七子胤礼；五十七年，被册封为嫔。雍正四年（1726），雍正帝尊称陈氏为皇考勤妃。乾隆帝即位后，因陈氏诞育果亲王允礼，允礼不仅在雍正朝宣力良多，而且又辅佐新登极之乾隆处理政务，公忠体国，乾隆帝特加其母尊号，尊称为纯裕勤妃。陈氏薨于乾隆十八年（1753）十二月二十日，乾隆帝亲诣临酸，并摘冠缨，祭酒行礼。

安嫔李氏。汉军正蓝旗人，总兵官刚阿岱之女，康熙十六年

册封为安嫔。

敬嫔章佳氏。护军参领华善之女，康熙十六年册封为敬嫔。

僖嫔赫舍里氏。赉山之女，康熙十六年册封为僖嫔。

端嫔董氏。员外郎董达齐之女。入宫后，于康熙十年，生皇二女，不幸两岁夭折。十六年，册封为端嫔。

贵人纳喇氏。监生常素保之女。康熙二十四年，生皇十女，即固伦纯悫公主。雍正二年（1724），尊纳喇氏为皇考通嫔。纳喇氏薨于乾隆九年（1744）六月二十三日。

贵人兆佳氏。参领塞克塞赫之女。康熙十三年，生皇五女，即和硕端静公主。

贵人纳喇氏。那丹珠之女。康熙十四年生皇子万黼，五岁夭折。又生皇子胤禶，生卒年不详。

贵人陈氏。陈秀女。生皇子胤禐，生卒年不详。

贵人郭络罗氏。三官保之女。康熙十八年，生皇六女，即固伦恪靖公主。又生皇子胤禹，生卒年不详。

贵人纳喇氏。骁骑校昭格之女。

除以上皇后、妃、嫔、贵人之外，康熙帝后宫还有更低级别之庶妃，即未得册封之宫眷。有史可考的庶妃，共有8人。

庶妃高氏。高廷秀之女。康熙四十一年，生皇十九子胤禝，两岁夭折；四十二年，生皇十九女，亦两岁夭折；四十五年，生皇二十子胤祎。雍正帝即位后，始被尊为皇考贵人。乾隆元年（1736），册封为皇祖襄嫔。高氏薨于乾隆十一年六月二十八日。

庶妃色赫图氏。员外郎多尔济之女。康熙五十年，生皇二十二子胤祜。雍正帝即位后，才被尊为皇考贵人。乾隆元年，册封

为皇祖谨嫔。色赫图氏薨于乾隆四年三月十六日。

庶妃石氏。石怀玉之女。康熙五十二年，生皇二十三子胤祁。雍正帝即位后尊其为皇考贵人，乾隆元年又册封为皇祖静嫔。石氏薨于乾隆二十三年六月初六日。

庶妃陈氏。陈玉卿之女。康熙五十年，生皇二十一子胤禧。雍正帝即位后尊其为皇考贵人，乾隆元年又册封为皇祖熙嫔。陈氏薨于乾隆二年正月初二日。

庶妃陈氏。陈岐山之女。康熙五十五年，生皇二十四子胤祕。雍正帝即位后尊其为皇考贵人，乾隆元年追封为皇祖穆嫔。

庶妃张氏。康熙七年，生皇长女，三岁夭折；十三年，生皇四女，四岁夭折。

庶妃王氏。康熙三十四年，生皇十六女，十二岁殇逝。

庶妃刘氏。康熙三十七年，生皇十七女，两岁夭折。

庶妃钮祜禄氏。员外郎晋宝之女，康熙四十七年生皇二十女，夭折。

不难看出，康熙帝诸位妃嫔的等级高低，与其家族政治地位的高低有着密切的关系。康熙帝在世之时，得封贵妃、妃之女子多出身三品、四品旗人大臣之家。出身较低之女子，若生有皇子，则母以子贵，得封嫔或贵人；未生有子嗣的宫人，终康熙帝一朝也未能得封。

4. 众多的子女

康熙帝不仅后妃众多，而且也是清朝历史上子女最多的皇帝。据清朝皇室宗谱记载，他一生共有五十六个子女。皇子三十六人，其中二十个长大成人；皇女二十人，仅八人长大成人。其孙辈，

人数则达一百二十三人。

康熙帝的成年皇子均以"胤"字命名，皇四子胤禛即皇帝位以后，为避其讳，其他皇子之名，均将"胤"字改为"允"字。

排序	命名	生卒年	母姓	康熙时爵位	最终封爵
皇长子	胤禔	1673-1734	惠妃纳喇氏	康熙三十七年封直郡王，四十年废。	雍正帝命以固山贝子品级礼之。
皇二子	胤礽	1675-1724	孝诚皇后	康熙十四年封太子，四十七年废；四十八年复立，五十一年再废。	
皇三子	胤祉	1678-1732	荣妃马佳氏	康熙三十七年封诚郡王，三十八年降为贝勒，四十八年晋封诚亲王。	雍正六年降为郡王，八年二月复封亲王，五月夺爵，十年命以郡王例礼之。
皇四子	胤禛	1679-1735	德妃乌雅氏	康熙三十七年封为多罗贝勒，四十八年封雍亲王。	雍正帝
皇五子	胤祺	1680-1732	宜妃郭络罗氏	康熙三十七年封多罗贝勒，四十八年封恒亲王。	恒亲王
皇七子	胤祐	1681-1730	成妃戴佳氏	康熙三十七年封多罗贝勒，四十八年封淳郡王。	雍正元年晋封为淳亲王
皇八子	胤禩	1682-1726	良妃卫氏	康熙三十七年封多罗贝勒，四十七年夺爵，同年又复爵。	康熙六十一年封廉亲王。雍正四年夺爵。

续表

排序	命名	生卒年	母姓	康熙时爵位	最终封爵
皇九子	胤禟	1684—1726	宜妃郭络罗氏	康熙四十八年封贝子。	雍正四年夺爵。
皇十子	胤䄉	1684—1737	贵妃钮祜禄氏	康熙四十八年封敦郡王。	乾隆二年封辅国公，六年命以贝子品级礼之。
皇十二子	胤祹	1686—1763	定嫔马琉哈氏	康熙四十八年封贝子。	康熙六十一年晋封履郡王。雍正二年夺爵，命在固山贝子上行走，后降为镇国公。八年复封郡王。乾隆帝即位后封履亲王。
皇十三子	胤祥	1687—1730	敏妃章佳氏		康熙六十一年封怡亲王。
皇十四子	胤禵	1689—1755	德妃乌雅氏	康熙四十八年封贝子。	乾隆二年，封辅国公。十二年六月，进贝勒。十三年正月，晋封恂郡王。
皇十五子	胤禑	1694—1731	密嫔王氏		雍正四年，封贝勒。八年，封愉郡王。
皇十六子	胤禄	1696—1767	密嫔王氏		雍正元年入嗣庄亲王博果铎，袭封庄亲王。
皇十七子	胤礼	1698—1738	勤嫔陈氏		雍正元年封果郡王，六年晋封为亲王。
皇二十子	胤祎	1707—1755	庶妃陈氏		雍正四年封贝子，八年晋封贝勒，十二年降辅国公。乾隆帝即位后复封贝勒。
皇二十一子	胤禧	1712—1758	庶妃陈氏		雍正八年封贝子，同年又封贝勒。乾隆帝即位后，封为慎郡王。

续表

排　序	命　名	生卒年	母　姓	康熙时爵位	最终封爵
皇二十二子	胤祐	1712-1743	庶妃色赫图氏		雍正八年封贝子，十二年晋封贝勒。
皇二十三子	胤祁	1714-1785	庶妃石氏		雍正八年封镇国公，乾隆帝即位后封贝勒。后因事降为镇国公。四十五年，复封贝子，四十七年封贝勒，四十九年加郡王衔。
皇二十四子	胤祕	1717-1773	庶妃陈氏		雍正十一年封諴亲王。

　　长大成人的二十名皇子，个个才能出众，琴棋书画均有所长。这完全得益于其父对他们的综合培养——慎重选择老师，并亲自督导，使诸皇子在骑射、经史、音乐、绘画等，乃至西洋知识、火器方面，都受到全面的培养。随着诸皇子的逐渐长大，康熙帝的培养方向转为增加他们的实践能力。康熙一朝，每遇有皇帝巡幸塞外、畿辅，南巡，谒陵，巡视河工等，甚至出征漠西蒙古，均有年纪稍长之皇子随驾、从征。众皇子中，有的在康熙朝就得到其父的重用，如皇长子、皇二子（详见"七、储位的困扰"）、皇三子、皇四子、皇八子及皇十四子；有的在雍正、乾隆两朝宣力良多，如皇十三子、皇十五子、皇十六子、皇十七子。限于篇幅，康熙朝得到重用的皇子，是下文将要叙述的主角。

　　胤禔，康熙帝第一子。从11岁开始，遇有皇帝巡幸，即随驾而行。康熙二十九年（1690），随其叔父裕亲王福全征噶尔丹。胤

康熙帝

禔在军中听信小人谗言，与福全不合，私自向其父陈奏。康熙帝虑其在军中偾事，将其召回京师。福全回师后，康熙帝命诸王、大臣勘鞫胤禔，并严旨告诫胤禔不许与其叔父有所异同。三十五年（1696），康熙帝亲征噶尔丹。作为长子的胤禔，与内大臣索额图统率八旗前锋、汉军火器营，四旗察哈尔及绿旗诸军先发，驻拖陵布喇克以待御驾。康熙帝克昭莫多后，胤禔则留在拖陵犒军。三十七年，封为直郡王。三十九年，康熙帝巡视永定河堤，鸠工疏浚，并命胤禔总理一应事务。四十七年，康熙帝废太子之后，胤禔很快陷入储位之争的政治旋涡里。先是，向其父保举皇八子胤禩，并向其父声称"如诛允礽，不必出皇父手"。其后，又用喇嘛巴汉格隆魔术魇废太子。同年十月，康熙帝下旨，将胤禔革去王爵，幽禁于其府内。胤禔上三旗所分佐领，尽撤给胤祹；镶蓝旗所分佐领，给予弘玉；包衣佐领及浑托和人口均分，以一半给予胤祹，一半给予弘玉。四十八年，康熙帝在巡幸塞外之前，再次提及胤禔镇魇皇太子及诸皇子，不念父母兄弟之事。同时，加强了对他的看守——于八旗遣护军参领八人、护军校八人、护军八十人，仍于胤禔府中监守；复遣贝勒延寿，贝子苏努，公鄂飞，都统辛泰，护军统领图尔海、陈泰，并八旗章京十七人，更番监守。康熙帝严谕众人，如有疏忽，即族诛。由此可见其父对允禔的痛恨，终康熙一朝，胤禔也未能得到父亲的原谅。雍正十二年（1734），允禔卒，雍正帝命以固山贝子礼殡葬。

胤祉，康熙帝第三子。皇帝行围、谒陵，胤祉皆随行。因其年龄稍长，从康熙二十九年始，就先后偕皇太子诣古鲁富尔坚嘉浑噶山行宫；三十二年，又偕皇四子诣孔庙行祭礼。三十五年，康熙帝亲征噶尔丹，胤祉则统领镶红旗大营。三十七年，封诚郡

王。三十八年，十三阿哥胤祥的生母敏妃去世，未满百日，允祉即薙发，被降为贝勒。四十三年，康熙帝命其勘三门底柱。四十六年三月，胤祉迎其父于其邸园，并设宴款之。此后，每岁如此，康熙帝甚至一年两次幸其邸园。四十七年，第一次废太子事件牵涉到众多皇子，胤祉虽然与太子一向亲睦，但并未怂恿其作恶，故而康熙帝未加罪于他。而且，皇长子命蒙古喇嘛镇魇皇太子之事，亦是胤祉侦知并揭发的。四十八年，晋封诚亲王。五十一年，其父又赐银五千两。胤祉颇通律历之学，康熙帝在修历书之时，就命胤祉率庶吉士何国宗等辑律吕、算法诸书，并于五十三年修订成书。五十八年，康熙帝拜圜丘礼毕，又命胤祉行礼。在康熙帝晚年，诸皇子为争夺储位钩心斗角，毫不顾忌父亲的身体状况与内心感受。当父子之间的亲情淡漠到只剩下权力与地位时，似乎只有这个皇三子，能在康熙帝心绪烦乱之时，承欢膝下，稍解烦闷之苦。雍正帝即位后，命胤祉守护景陵（康熙帝陵寝）。雍正六年（1728），胤祉索贿事发，并在雍正帝面前诘骂大臣，被降为郡王。八年二月，复晋封亲王。同年五月，怡亲王之丧，胤祉后至，无戚容。庄亲王允禄等参劾之，宗人府更将其与雍正帝的政敌阿其那、塞思黑附于一类。雍正帝削其爵，囚禁于景山永安亭。十年，允祉薨，雍正帝命以郡王例殡葬。

胤禛，康熙帝第四子，即后来的雍正帝。康熙三十七年，受封为多罗贝勒；四十八年，晋封为和硕雍亲王。目前学术界已有专门研究雍正帝之著述，此不赘述。

胤禩，康熙帝第八子。与其兄长们类似，胤禩也经常随驾巡幸。康熙三十七年封为多罗贝勒，四十七年，命署内务府总管事。在废太子事件之前，胤禩深得康熙帝的喜爱。四十七年，第一次

废太子事件后，胤禩成为储位强有力的竞争者。皇子胤禟、胤䄉、胤禵，大臣阿灵阿、鄂伦岱、揆叙、王鸿绪等，皆与胤禩结党。皇长子胤禔更在其父前称胤禩有大贵之相。在康熙朝后期，最令康熙帝痛恨和恼怒的就是，朝中大臣与诸皇子结党谋争储君之位。胤禩及其党羽的行径，使得康熙帝大怒，认为胤禩是柔奸成性、妄蓄大志，甚至试图谋害废太子，并严令议政王大臣等毋宽胤禩之罪。胤禩被锁系，革去贝勒爵位，降为闲散宗室。同年，康熙帝又恢复了胤禩的贝勒爵位。胤禩虽然因争夺储位而获罪于其父皇，但此后仍有人不断的拥立其为储君，但都被康熙帝以其不更事，或出身低微为由拒绝。雍正帝即位之初，被封为廉亲王，兼任理藩院尚书，同时办理工部事务。由于允禩曾经是储位强有力的竞争者，且在雍正帝即位以后，仍不断的散布新君弑父、修改遗诏、篡夺皇位的谣言，不可避免要遭到雍正帝的制裁。即位伊始，雍正帝就在搜罗允禩的各项罪名。雍正四年（1726），雍正帝在西暖阁揭露其在圣祖朝之罪状，并随即遵照先朝削籍离宗之典，革去允禩黄带子。后又授其为民王，不留所属佐领人员。遇有朝会，视民公、侯、伯例，称亲王允禩。不久，又命削王爵，交宗人府圈禁高墙，并更其名为阿其那（汉语意为猪），其子弘旺改称菩萨保。同年六月，诸王大臣复胪允禩罪状四十事；九月，允禩患呕哕之症，雍正帝命给予调养，但不久就卒于幽所。直至乾隆四十三年（1778），乾隆帝才谕令将允禩与其子改归原名，并重新收入玉牒（皇帝家谱）。

胤禵，康熙帝第十四子，与雍正帝乃同母所出。康熙四十八年，封贝子。在康熙朝，胤禵最突出的作为就是代替其父征讨策妄阿喇布坦。五十七年，胤禵被封为抚远大将军，康熙帝在太和

殿授大将军印，并命其用正黄旗纛行军。胤禵虽然与雍正帝同母所出，但在康熙晚年争储的斗争中，却与皇八子胤禩结为同党。当胤禵被封为抚远大将军出征之时，胤禩、胤禟、胤䄉等人甚为兴奋，认为胤禵必将被立为皇太子。五十八年，康熙帝命其驻西宁。五十九年，胤禵移军穆鲁斯乌苏，遣平逆将军延信率军入西藏，令宗查布防西宁，讷尔素防古木。同年十月，延信于卜克河地方击败准噶尔将领策零敦多卜。六十年五月，胤禵率师驻甘州。同年闰六月，和尔博斯厄穆齐寨桑以厄鲁特兵五百围回民，回人乞援。胤禵以粮运艰阻，兵难久驻，若徙入内地，亦苦粮少地狭，哈密扎萨克额敏皆不能容，布隆吉尔、达里图诸地又阻瀚海，令靖逆将军富宁安相机援抚。十月，康熙帝召胤禵回京，面授方略。六十一年，胤禵还军京师。雍正帝即位后，因其父丧事未毕，命允禵驰驿来京。允禵回到京师后，雍正帝命其居马兰峪，留守景陵。这实际上是雍正帝对允禵的一种政治隔离。雍正元年（1723），雍正帝念其与允禵乃同母所出，特晋封为郡王。四年，将允禵与其子禁锢于寿皇殿左右。至乾隆帝即位，始释。乾隆二年（1737），受封辅国公；十二年，晋封贝勒；十三年，封恂郡王。二十年，薨。

在康熙帝诸皇子中，还有一位皇子值得一提。无论康熙朝的官方政书还是野史，都没有记载其曾参与过储位的争夺，但他却在康熙末年一直处于政治和亲情的边缘，他就是皇十三子胤祥。

在康熙朝最后的十几年间，康熙帝诸子几乎都不同程度的进入康熙帝严格而又挑剔的视野之内。经常活动在康熙帝周围且又年长的十几位皇子似乎没有哪一个能明显取得皇帝的好感，而几位自认为有机会问鼎的皇子又的确在拼命地拉帮结伙或暗中活动。

值得注意的是，胤祥在诸皇子中似乎不是一个希冀皇位的角色，但又很难说他与储位竞争的政治旋涡毫无牵连，尽管依据现有能够搜集到的资料我们还无法清楚地了解胤祥在康熙帝晚年的所作所为，但其卷入争储事件，应该是确实的。雍正元年（1723），雍正帝在一篇上谕中说，"怡亲王前因二阿哥之事，无辜牵连，一时得罪皇考，随即鉴宥。"应该说，胤祥肯定曾经因皇太子的废立波折而被牵连。但是，关于胤祥如何被牵连，却难以找到确实可靠的文献说明。第一次废太子事件的确可以称之为是胤祥政治生活的一个转折点。康熙帝在位的后期，胤祥不似其他兄弟，或被老皇帝派出随军征战，或管理国家事务。甚至在康熙四十八年康熙帝大封诸子爵位之时，胤祥也被忽略了。这种与诸兄弟相差悬殊的境遇，恐怕不能用老皇帝的偏袒来解释。在康熙朝末年，能使皇帝反感至极的事必定和对最高权力的争夺有关。诸子的纷争不仅扰乱了国家正常的政治秩序，也让老皇帝惊恐地看到了诸子在温情面纱背后残酷的地位竞争和对权力的极度渴望。在第一次废太子事件之前，皇太子所流露出来的对权力的过于直白的欲望已使父子之间的关系到了剑拔弩张的地步。惯于猜测皇帝意向的大臣们觉察到老皇帝似乎已有意更换继承人。何焯在给其兄的信中说，早在康熙四十一年（1702），胤祥便被视为最有可能取代胤礽当太子的皇子。何焯又在致其弟的信中记述了当时的情况："杨君国维已分与十三殿下处读书，……昨选新庶常为各邸伴读，圣明谓诗文皆无出杨君右，殿下又钟爱者，将来遭际不可知。"（意即十三殿下有可能成为新的皇位继承人）康熙皇帝对这些揣度不会没有耳闻。在他垂暮之年，任何一个试图觊觎皇权的人，不仅直接对他构成最大的威胁，而且也直接触及了康熙帝的隐痛。

因此，他把所有皇子的言行举止，凡稍与继立有关，便不问青红皂白一律视为别有用心而加以痛斥和惩治。尽管在此以后，有关胤祥将会成为新的继承人的议论不了了之，但康熙帝还是把他作为一个阴险叵测之人，处处审视，时时提防。终康熙一朝，允祥再也未得到父亲的重视。不管胤祥有意还是无意争夺储位，他所有的希望都因为老皇帝的冷落而被扼杀。直到雍正帝即位后，才得到重用被任命为总理事务大臣，封为怡亲王，成为帮助雍正帝抵挡政敌进攻的中流砥柱型的人物，在巩固和加强雍正皇权方面作出了巨大的贡献。在他去世之后，雍正帝痛苦不堪，屡屡在上谕中回忆怡亲王的功绩与忠诚。同时，雍正帝还发布特旨，令允祥改回原名，仍称"胤祥"。在清朝历史上，唯有允祥一人获此殊荣。

七、储位的困扰

封建王朝乃一姓之天下，选立皇储亦是帝王家事。但由于储君的贤能与否，直接关系到王朝的命运与前途，它又是一件至关重要的国家大事。

1. 册立太子

册立嫡子为储君——即嫡子继承制，是中原汉族王朝的政治传统。所谓嫡子继承制，即皇位由正宫皇后所生之嫡长子继承。若无嫡长子，则由嫡长孙继承；若嫡长子并无子嗣，则由嫡次子依序继承。嫡子继承制满足了封建统治者对后继者血统的要求，在一定程度上避免了皇室成员对储位的纷争。尽管如此，嫡子继承制仍然不能完全的保证政权在新老皇帝间的顺利移交。清朝以前的中国历史上，不乏为争夺储位而骨肉相残的事件，如唐朝的玄武门之变、明朝的永乐之祸。这说明，虽然嫡子继承制实行已久，体制相当成熟，但仍有其不可避免的痼疾。

满族无论是在关外，还是入关初的顺治朝，都无预立储君的传统。努尔哈赤生前未指定哪一位皇子继其位，而是把推荐继承人的任务交给了在其死后共同议政的八大贝勒。他规定，八大贝

勒中，有能受谏、有才德之人，可继汗位。若不纳谏、不遵道，八大贝勒可于八人中另选有德之人。皇太极与他的父亲一样，生前也未预定储君。皇太极死后，他的长子豪格与多尔衮对皇位展开了激烈的争夺。在势均力敌的情况下，六岁的福临作为双方相互妥协的结果，登上了皇帝的宝座。顺治帝在位时，备受宠爱的皇贵妃董鄂氏生下皇四子，皇四子得到了顺治帝极大的关注。但不幸的是，这位皇子只活了104天便夭折了。皇四子死后，顺治帝追封他为和硕荣亲王，甚至在他地宫的墓碣上题"和硕荣亲王，朕第一子也"的字样。如果此皇子不早夭的话，很可能会被立为太子。玄烨得以继承皇位，乃是在顺治帝临终前，采纳了德国传教士汤若望的建议，选立已经得过天花的皇子为帝，以免天花对皇权稳定的再次威胁。

  清朝的建储制度，实肇端于康熙朝。康熙帝采用了汉族王朝的嫡子继承制。

  康熙帝一生先后册立过三位皇后，但只有第一位皇后孝诚皇后，为康熙帝生下嫡子。早在康熙八年（1669），孝诚皇后就生嫡子承祜，三年后承祜不幸夭折。十三年，孝诚皇后再生皇二子胤礽。康熙帝对这名嫡子甚为重视，于十四年十二月，将两岁的胤礽立为皇太子，并由其亲养于东宫。太子四岁时，出痘痊愈，康熙帝很欣悦，特遣官致祭圜丘、方泽、太庙、社稷，并重赏太医甄国鼐。

  皇太子就是将来要接替现任皇帝肩负家国大业的人，不仅要求他有相当高的执政能力，而且要德行兼备，方能不辜负祖宗之洪业。正是基于此种考虑，在立太子的当年，康熙帝就将詹事府从翰林院中分析出来，沿袭历代政治传统，将詹事府作为培养太

子的专门机构。从太子刚刚懂事起，康熙帝就亲自教他读书。太子六岁时，就以大学士张英、李光地为师，并跟随大学士熊赐履学习性理诸书。二十五年，康熙帝又特召时任江宁巡抚的汤斌、原任直隶大名道的耿介，分别为詹事府詹事、少詹事，专门辅导太子；又命太子师从翁叔元修读《尚书》，观摩王原祁之山水画。康熙帝自己也亲自传授太子治国方略，告以祖宗典治，守成之君当如何治国，行军用兵又当如何。在康熙帝与诸位学识渊博大臣的共同培养之下，太子精通满、汉文字，娴于骑射，文韬武略。当时陪侍在康熙帝身边的西方传教士也在后来的回忆录中，记载了康熙帝对太子的培养：不仅教给他治理国家的所有知识，而且重视有关太子教育的一切情况，要求相关人员要随时向他汇报太子的活动。

正是在康熙帝精心的培养之下，胤礽在被立为太子的最初二十几年里，无论是才学品行，还是言谈举止，的确深得康熙帝以及朝中大臣的赞赏。因为胤礽的良好表现，康熙帝在巡幸在外或出征之时，就放心地把朝中政务交由胤礽处理。同时，为了确立太子作为皇位继承人的威信和地位，康熙帝坚决地清除任何一股敢于向太子地位挑战的势力。

2. 一废太子

如果太子一直谨遵其父的教诲，也许康熙朝的某些人和事，就不会有那么多没有预料到的结局。可是，权力欲望一旦被激发，胤礽就很难容忍自己长久的居于太子之位。一些希望在未来皇帝身上捞取政治资本的朝中大臣，也不遗余力的献媚于太子之前，放纵着、怂恿着他对皇权的贪婪。而至高无上的皇权，同样不允

许任何觊觎它的政治势力存在。父子之间的骨肉亲情，越来越抵御不了权力的侵袭。

二十九年（1690），康熙帝亲征噶尔丹，驻跸古鲁富尔坚嘉浑噶山。行军途次，条件恶劣，加之日夜操劳，康熙帝病倒了。病榻上的康熙帝，卸下了帝王的神秘光环，显露出他为人父的柔情——他特别想念他的太子。一道谕旨，太子与皇三子胤祉被召到行宫。在他的想象之中，一定是父慈子孝的和睦景象。但是，太子在侍疾之时，面无忧色，根本没有把父亲的病痛放在心上。这使得康熙帝很不高兴，遂遣太子先回京。

三十五年，康熙帝再次亲征噶尔丹，命太子代行郊祀礼，各部院奏章，听太子处理。如果事件重要，则由诸大臣议定，启奏太子。同年，破噶尔丹，还军，太子迎于诺海河，康熙帝命太子先回。御驾至京，太子率诸臣郊迎。同年，又行兵宁夏，仍命太子坐镇京师，处理一应行政事务。这两次代理国政，使太子体验到了帝王的威严与至高无上。对最高权力的渴望使得太子日渐骄纵，他已不满意自己作了几十年的太子之位，迫不及待地想取其父而代之，根本就不把父皇放在眼里。甚至不断地有太子隐匿、包庇匪类之语，或为非作恶之事，传到他父皇的耳朵里。就在康熙帝第二次亲征噶尔丹回师后，他就听闻有膳房人花喇、额楚、德住，茶房人雅头，私自在太子处行走，并有悖逆之行为。康熙帝命将花喇、德住、雅头处死，额楚圈禁在家。他虽然没有直接处理太子，但自此以后，对太子的疼爱与垂顾已不如往昔，开始对他进行观察和抑制。

三十七年，康熙帝册封年长之皇子。封皇长子胤禔为直郡王，皇三子胤祉为诚郡王，皇四子胤禛、皇五子胤祺、皇七子胤祐、

皇八子胤禩为贝勒，并命其参与国家政务的处理。康熙帝的本意是借提高其他皇子政治地位之机，抑制太子的骄纵情绪。但太子并不理解父亲的一片苦心，对父亲的忠诚越来越淡化，开始与索额图关系密切，结党妄为。

四十一年，太子在德州行宫患病。康熙帝令索额图前去侍奉。索额图，满洲正黄旗人，曾任领侍卫内大臣，是太子生母孝诚皇后之叔。索额图狂妄跋扈，乘马至太子行宫中门方下。他依仗太子的权威，不仅行事乖张，而且还高谈杀人等暴戾之事，甚至谋划让康熙帝让位于太子。康熙帝对太子与索额图结党营私之事，早有耳闻。四十二年，借索额图家仆告发之机，将索额图锁拿，并将其同党及同族子孙全部革职。康熙帝惩治索额图，是对朝中结党营私现象的打击，但更是对太子的严重警告。胤礽却并不理解父亲的苦心，认为父亲已不再瞩意自己，失望的心情使他变得脾气暴躁，时常对身边随从官员鞭挞凌辱，甚至偷窥父亲的起居。

胤礽的失德之状，已令其父皇难以继续维护他的太子之位。四十七年，康熙帝在行围途中，驻跸布尔哈苏台之时，召太子以及诸王、大臣宣布了一道上谕。这道上谕，如同晴天霹雳，出乎所有人的意料之外。在这道上谕中，康熙帝历数太子的种种恶行：

"胤礽不法祖德，不遵守朕的教诲，暴戾淫乱，朕已包容二十年，但胤礽并不理解朕的苦心。王公大臣，如平郡王讷尔素、贝勒海善、公普奇，以及朝廷大臣多受其殴挞与侮辱。胤礽与属下人恣行乖戾，无所不至，遣使邀截蒙古贡使，抢夺进献给朕之马，以致蒙古俱不心服。胤礽甚至不服朕之管教，皇十八子抱病之时，胤礽作为兄长，无半点友爱之情。朕稍加指责，即愤然发怒，每夜逼近布城（皇帝巡幸塞外所住之帐房），裂缝窥视朕之起居动

作。从前胤礽之叔外公索额图欲谋不轨，朕执而诛之，胤礽大概是要为其报仇。朕真不知道是今日被鸩，还是明日遇害？况且胤礽骄奢无度，所用之物，远过于朕，仍觉不足。恣意取用国帑，必败坏我国家、戕害我百姓。似此不忠不孝不仁之人，岂可将太祖、太宗、世祖所缔造之基业，托付给此人！"

康熙帝边诉边哭，以至于晕倒在地。胤礽的所作所为让他的父皇失望之至，康熙帝痛下决心，废黜太子胤礽，并拘执之，由直郡王胤禔监视，并诛索额图二子格尔芬、阿尔吉善，及胤礽左右二格、苏尔特、哈什太、萨尔邦阿。其罪稍轻者，遣戍盛京。

废太子之后，康熙帝昼夜不得安寝，并不时召扈从诸臣言说此事。废太子被押解到京师后，又被拘禁于上驷院旁，康熙帝特命皇四子与皇长子一同看守。同年九月，康熙帝回京后，就废皇太子一事，遣官告祭天地、太庙、社稷，并将其幽禁于咸安宫。

此为康熙朝第一次废太子事件。它如同一股狂风，在康熙朝晚期的政坛上掀起了层层风波。废黜太子，也就意味着皇子们原有的等级秩序被打破，太子的兄弟们早就因其逐渐失宠而暗自谋算。如今，储位的空置，给任何一位觊觎帝位的皇子都带来了希望。

3. 二废太子

废黜太子之后，康熙帝每论及此事，都五内俱痛。除了对胤礽的无比失望之情外，他的内心里还有更大的困惑——自胤礽懂事以来，自己无一日不向他传授治理天下、爱育黎庶、维系人心之道，甚至在朝廷中选贤与能，教导他诗书礼仪。胤礽不可谓不知义理，但其所作、所行、所言，又的确出于仁义忠孝之外，与

他所受到的教育与熏陶完全不相符合。康熙帝认为，胤礽之所以如此，是因为受到邪恶事物的影响。

在废太子事件发生后不久，康熙帝就对内大臣、大学士以及翰林官员们论及胤礽行事——与常人大为不同，白天多沉睡，至深夜方进食。吃七八碗饭不知饱，饮酒则数十大杯而不见醉。在神明面前则惊惧不能成礼，即便是遇阴雨雷电，亦畏惧不知所措。居处失常，语言颠倒，竟类狂易之疾，"似有鬼物凭之"。又称胤礽宫人所居之撷芳殿，阴暗不洁，居其地之人多病亡。胤礽时常往来其间，以致中邪，且时常称见鬼魅之物而不得安寝，屡迁其居所。用康熙帝的话来说，"其为鬼魅所凭，狂惑成疾，彰彰明矣"。

到了十月，胤礽被鬼物所凭之事，终于找到了罪魁祸首。康熙帝从皇三子多罗贝勒胤祉处得知，胤祉牧马厂有一名叫巴汉格隆的蒙古喇嘛，他自幼习医，会咒人之术。大阿哥胤禔得知此事后，时常唤巴汉格隆到他的府邸，与喇嘛明佳噶卜楚、马星噶卜楚鬼混。康熙帝随即将明佳噶卜楚、马星噶卜楚、巴汉格隆并直郡王府护卫耆楞雅突等锁拿，交侍郎满都、侍卫拉锡审理。据巴汉格隆供称，大阿哥欲诅咒太子，令其用术镇魇。根据巴汉格隆的口供，侍卫纳拉善果然在胤礽的居处掘出镇魇之物十余件。

随后，康熙帝召胤礽入见。这次胤礽的表现与以往大不相同，询问前事，竟有全不知者。康熙帝再一次确认，胤礽真的是被邪恶之人所害。同时，他表示，如果胤礽狂疾痊愈，改过从善，将另有一番裁夺。也就是说，胤礽还有很大的可能再次被立为皇太子。朝中大臣也是揣测到了康熙帝的本意，多次上疏奏请复立胤礽为皇太子，但康熙帝暂未允准。

十一月，康熙帝召见满汉大臣，命他们于诸皇子中举荐可继立为太子之人。大多数官员不敢发言，唯有明珠之子揆叙、遏必隆之子阿灵阿、佟国纲之子鄂伦岱，以及汉官王鸿绪推荐皇八子胤禩。康熙帝否决此议，并称"立皇太子之事，关系甚大"。这也就表明，他并不专意于皇八子。第二天，再次召诸大臣入见，特地说明胤礽系因魇魅而狂躁暴戾，并非本性如此。大臣们很快明白了康熙帝的暗示，奏称：既然皇帝知道废太子的病源所在，治疗痊愈之后，就请皇帝颁旨宣示，复立为太子。这一次，康熙帝不置可否。第三天，召胤礽及诸大臣共同入见，正式宣布释放胤礽，并称："览古史册，太子既废，常不得其死，人君靡不悔者。前执允礽，朕日日不释于怀。自顷召见一次，胸中乃疏快一次。今事已明白，明日为始，朕当霍然矣。"四十八年三月，康熙帝复立胤礽为太子，遣官祭天地、太庙、社稷，并诏告天下。

知子莫若父。胤礽的骄纵与贪暴，到底有几分是因为镇魇，有几分是其本性，康熙帝最清楚不过。苦心培养几十余年，他不希望在儿子身上做过的努力都化为泡影。与其说，康熙帝是在给胤礽机会，不如说是在成全自己。同时，储位空虚仅三个月，皇子中就分帮成派，暗中争夺储位。康熙帝更不想因此而使自己的其他儿子们骨肉相残，复立胤礽为太子，也许是当时最好地选择了。

胤礽被复立之后，确实暂缓了诸皇子对储位的争夺。但是遭受废黜之变后，太子在康熙帝心中的地位已大不如前。每遇有外出巡幸，康熙帝基本上都命太子随行，不敢令其留守京师。据学者统计，胤礽在被复立为太子的三年时间里，整整有两年的时间是直接陪在康熙帝身边，受其父直接的监管。作为父皇，康熙帝

比胤礽自己更害怕他重蹈覆辙。也许就是因为康熙帝看管过严，胤礽总是抱怨父亲对自己要求过严。在康熙帝出巡热河之时，胤礽不仅沉湎于酒色之中不能自拔，而且还派人到江南富庶之地，购买女子、勒征货税。如若有人不顺其意，即在其父面前进构谗言。胤礽不仅自身行为不检点，而且怙恶不悛，与朝中大臣援为朋党。

五十年十月，康熙帝在畅春园大西门内箭厅，召诸王、贝勒、贝子、公，以及文武大臣，斥责与皇太子结为朋党的朝廷大臣。自索额图被康熙帝处置以后，朝中又有都统鄂善，尚书耿介、齐世武、悟礼等人，依附于太子。康熙帝究问鄂善等人结党营私之事时，所有供词，无一不与太子有关。康熙帝在复审此案时，亦明确指出，这些事，都是因胤礽而起。胤礽作为皇太子，所行之事，天下之人无分贵贱，皆有所闻。若果真以孝为本、以仁为行，并无异心，何必求鄂善、齐世武等人来保奏呢？康熙帝对这些结党之人痛恨不已，对鄂善、齐世武分别处以革职拘禁等不同程度的惩罚。

五十一年，胤礽旧疾再次发作，不时差人监视属下人等，甚至小太监如厕亦派人跟踪。除监视外，对妻仆更是拳脚相加，辱骂、殴打时有发生。康熙帝再也不能容忍胤礽的暴戾，于同年冬再次废皇太子，并禁锢于咸安宫内。康熙帝御笔亲书胤礽不德不忠之事：

"自释放之日，胤礽乖戾之心就再次显露出来。虽在皇太后、众妃及诸王、大臣面前盟誓，痛改前愆。数年以来，仍是非莫辨。朕隐忍已久，不迅即揭发，是有望其悛改。近观胤礽行事，纵使每日教训，亦非能改。且其秉性凶残，属下内外人等，遭其捶楚

者，不可胜计。胤礽的黄褂侍卫，在溽暑之天，流汗执役，肩担擅木、手执锹锸、手足胼胝，怨声载道。甚至其妻孥，亦皆寒心，俱认为当废其皇储之位，无一人为其惋惜坠泪。为感化胤礽，凡其所奏欲责之人、欲逐之人，朕无不依其意。惟其奏欲杀之人，因朕不嗜杀而不曾应允。但即便是朕如此俯从，胤礽仍怙恶不悛。朕已灰心，毫无可望！朕已六旬，后日无多。太祖、太宗、世祖所创之业，岂可托付给如此不得众心之人？将胤礽再次废黜并禁锢。"

康熙帝真的是失望之至，第一次废太子之后，凡论及此事，愤懑之情郁结于胸，尚会在臣僚面前吐露衷肠。这一次，他虽然口称毫不介意，"谈笑处之而已"。但表面越平静，内心就越纠结。康熙帝在自己心爱的嫡子身上寄托的所有希望，全部都化作了泡影。这种巨大的失落感，是无法用词语去描述的，亦是旁人无法体味与深切理解的。也许只有康熙帝越来越衰老的容颜，以及对立储之事越来越讳莫如深的态度，在默默的昭示着这一切。不仅他自己从此不再提立储之事，而且他还严厉警告大臣们，若有人胆敢再声称皇太子已经改过从善，应当释放，即诛之。

此为康熙朝第二次废太子事件。两废两立的遭遇，结束了胤礽在康熙朝的政治前途。他的父亲不会再宽恕他，继帝位的兄弟也会视其为隐患。胤礽彻底失败了！

4. 储位之争

康熙朝两度废黜太子，导致的另一直接后果就是，诸皇子对储位的激烈争夺，这也是康熙朝晚期最使康熙帝感到心力交瘁的事情。在对储位的争夺中，不仅诸皇子分立门派，而且还拉拢朝

中大臣牵涉其中。储位之争所产生的政治影响已不仅仅局限于皇室内部，而且也冲击到了康熙朝晚期的整个清朝政局。

康熙帝诸子对储位的争夺，早在第一次废太子事件后就开始了。储君位置的空虚，引起其他皇子的觊觎，萧墙内纷争四起。其实，康熙帝早已预料到废太子事件，很可能会激发其他皇子对储位的争夺。他严厉警告其他皇子，胤礽之事已完结，诸阿哥如有邀结人心、树立党羽，谋为皇太子者，断不姑容，即系国之贼。出于对至高无上皇权的渴望，康熙帝的一些皇子并没有把父皇的告诫放在心上。

首先显现出企图的是皇长子胤禔。康熙四十七年九月，当太子被拘执之时，胤禔就在其父面前斥责胤礽所行卑污，大失人心。胤禔是康熙帝已成年的儿子们中年龄最大的一位，从十几岁开始就随侍父皇左右。废太子事件之后，胤禔非常激动，他似乎看到储君之位在向他招手！但是，康熙帝很冷静、很果断的打消了胤禔的念头，他公开宣谕，虽然先前屡次命胤禔护驾，但胤禔秉性躁急愚顽，并没有立其为皇太子之意。胤禔虽然表现出顺从父皇教诲的样子，但内心仍热衷于讨好、巴结。于是，他又向父亲举荐了皇八子胤禩，并称曾有相面人张明德曾说胤禩日后必大贵。胤禔甚至暗示康熙帝，若欲诛杀废太子，"不必出自皇父之手"。胤禔的这一番言语，让他的父亲既惊讶又反感。康熙帝斥责胤禔为人凶顽愚昧，不知义理。若果真与胤禩结党杀害废太子，很可能也会牵连到康熙帝本人。像胤禔这种不谙君臣大义、不念父子至情之人，真如乱臣贼子无异，天理国法都不能容忍。而且，胤禔驭下不严、无宽仁之心。其属下人等，或被人暗害，或因罪充发者，并不在少数。对废太子属下之匠人，则全部收去，加以苦

刑，以致匠人逃遁，甚至有自缢者。如此种种，若不惩治，何以服众？十月，康熙帝因胤禔魇咒亲弟及杀人之事尽皆显露，革去其王爵，于其府内派人严加看守。终康熙一朝，胤禔再也未能得到父亲的原谅与宽释。

在第一次废太子事件之后，受到康熙帝严厉惩戒的还有皇八子胤禩。胤禩是储位最强有力的竞争者，在诸皇子及朝廷大臣中都有很大的影响力。废太子之后，皇长子胤禔曾奏称胤禩好。可是，在康熙帝对废太子还抱有一线希望之时，任何窥伺大宝之人，都会遭到他的排斥，胤禩也不例外。康熙帝斥责胤禩"柔奸性成，妄蓄大志"，其与胤禔私下勾结，企图谋害胤礽。四十七年九月，命将胤禩锁拿，并交与议政处审理。胤禩的同党皇九子胤禟、皇十四子胤禵保举胤禩，并称"八阿哥无此心"。面对皇子们的结党谋私，康熙帝怒不可遏，拔出佩刀欲杀胤禵。皇五子胤祺跪抱劝阻，其他皇子也叩首恳求，康熙帝这才作罢，但仍命众皇子鞭挞胤禵，随后将胤禟、胤禵逐出。十月，据议政处审理，胤禩所供与相面人张明德口供无异。康熙帝下令：贝勒胤禩，闻张明德妄言，竟不奏闻。且乘间处处沽名，欺诳众人，希冀为皇太子。胤禩被革去贝勒，为闲散宗室。同时，康熙帝再次强调，他拘执皇太子，并非专意于皇八子。

尽管胤禩被革贝勒之爵，但他在诸大臣中仍有很大的威信。四十八年正月，康熙帝命诸王、大臣等共同保举可立为太子之人，唯有皇八子胤禩呼声最高。这一结果不仅有悖于康熙帝之本意，而且也使他认识到胤禩在朝廷大臣中已经有了很大的政治影响力，必须严加制止，才不至于形成与皇权相对立的另一股政治势力。

康熙帝

康熙帝首先贬斥胤禩之身份。胤禩之母卫氏，本系宫女，并非名门之后，故胤禩出身相当低微。加之其在废太子之后，与胤禔结党，试图谋害胤礽，故其得罪于父皇，乃身撄缧绁之人。在康熙帝看来，无论是出身还是品行，胤禩所具备的条件都无法与储君之位相匹配。

接着，康熙帝就开始追查拥护胤禩之朝廷官员。康熙帝先命领侍卫内大臣巴浑德具实陈奏，但巴浑德畏惧权势，只称当时奉旨后，众臣分文武两班序坐，众人欲保举胤禩为皇太子，遂共同入奏，并无首先发言之人。巴浑德的话并不能令康熙帝信服，如果不是事先预谋，众人何能共同保举同一个人呢？康熙帝又召问领侍卫内大臣坡尔盆、尚之隆，此二人均称当时系巴浑德首先发言。但康熙帝则认为，巴尔浑并非真正的幕后指使，必定有人事先以保举胤禩暗示众人，众大臣畏惧其权势，不得不依其议。可当再次传问领侍卫内大臣巴浑德之时，他又声称系汉大臣共同保举皇八子。于是，康熙帝又传问大学士张玉书。张玉书奏称，当日列坐于后之人俱举出皇八子，故臣等亦保之，并无首倡之人。面对皇八子为争夺储位而造成的结党谋私现象，康熙帝深恶痛绝，所以他一定要究其根源。至晚朝时，大学士张玉书再奏："当日满汉诸臣奉旨齐集以后，马齐、温达先到，臣问马齐、温达二人，因何事而召集诸臣？马齐称，皇上命众臣于诸阿哥中保举可立为皇太子之人。臣又问马齐，应举哪位皇子？马齐则称，众意欲举胤禩。后见满官俱保举皇八子，汉官亦共同保奏。"康熙帝随即究问大学士马齐。但马齐并不认同张玉书所说，甚至在康熙帝面前拂袖而出。康熙帝命将此事交与和硕康亲王椿泰鞫审，诸王、大臣会审的初步结果是：马齐图谋专擅，欲立胤禩为皇太

子。且马齐于御前拂袖而出，殊为可恶，不可留于斯世者也。其弟李荣保妄自尊大、虚张气焰，亦甚可恶。俱应立斩。其弟马武，亦应立绞。马齐、马武、李荣保及马齐之兄马思喀等之子孙，有职者革职，概行枷责；其妻子配发黑龙江。康熙帝看在马齐年老，且效力多年的份上，免其死罪，将其交与胤禩严行拘禁。其弟李荣保，亦免死罪，照例枷责，亦听胤禩差使。其弟马武，革职。其族中职官及在部院人员，俱革退。世袭之职，亦着除去，不准承袭。马齐之兄马思喀之子，因其父生前有效力之处，被从宽释放。

康熙帝对胤禩及其党羽的压制，一方面是在警告诸皇子绝不可结党为非，另一方面也是在为复立胤礽为太子作准备。四十八年正月，康熙帝诏告天下，复立胤礽为太子。复立太子，在一定程度上确实缓和了诸皇子对储君之位的纷争。但康熙帝对胤礽的戒备与防范，以及太子本身肆行无忌，使诸皇子很清楚地认识到，太子在父皇心目中的地位已经动摇。在这种情况下，储君之位的竞争者内心，又燃起了新的希望。伴随着胤礽的再度被废，对储君之位的竞争则愈演愈烈。

第二次废太子之后，康熙帝再未对任何皇子表现出明显的倾向性。这一方面，是因为两次废太子事件，使康熙帝的自信心深受打击，嫡长子继承制的合理性与有效性需要重新进行衡量。另一方面，他也从废太子事件中得到深刻的教训，预立储君，很可能会再次形成一个新的权力中心。

储君之位毕竟不能久悬，太子被再次废黜之后，朝中大臣无一人敢奏请再立皇太子。至五十二年二月，左都御史赵申乔陈奏，"皇太子为国本，应行册立"。在经历过两次废储事件之后，康熙

帝对立储又抱着什么样的态度呢？康熙帝深切地明白，建储乃大事，关系甚重，不可轻立。俗语有言，一人得道，鸡犬升天。不管哪个皇子被立为储君，他身边的亲信随从难保不会因此而作威作福，昔日的索额图就是最好的明证。储君之位关系匪轻，需要做全面的权衡，不可轻定。康熙帝希望朝中大臣明白自己的苦衷，遂只发还赵申乔之奏折，并未加罪于他。五十六年十一月，大学士王掞、御史陈嘉猷等人为提醒康熙帝立储之事，分别以密奏和共同上疏的形式，请立皇太子。五十七年正月，翰林院检讨朱天保奏请复立胤礽为皇太子。朱天保在奏折中称，二阿哥仁孝，在拘禁之处甚是安静，"圣而益圣，贤而益贤"。后经康熙帝察讯得知，朱天保之父朱都纳与戴保、朱天保共同商定缮本后，令朱天保来奏。康熙帝为驳斥朱天保父子之悖论妄言，再次列数胤礽之过错：于拘禁之处，以矾水写信给普奇，嘱咐普奇保举他为大将军。朱天保父子错揣康熙帝旨意，妄行陈奏，这一鲁莽作法为他们一家招来了灭顶之灾——朱天保即行正法，令其父朱都纳视之。戴保最为凶恶，断不可留，亦即行正法。朱都纳、常赉，从宽免死。金宝，从宽免充发，交与步军统领永远枷示。朱都纳、朱天保之妻子，俱入官。朱都纳二幼子，免死入官。达寿着革职，枷号三个月，鞭一百。

　　父亲的沉默态度，并没有影响到其他皇子对储位的热情向往。康熙帝执政的最后十年，也是诸子争夺储位最为激烈的十年。五十一年之后，废太子胤礽仍不死心，在暗地里仍有活动。五十三年，坊间有传言说康熙帝要第三次复立其为太子。胤礽大概也听到了这些传闻，五十四年，他利用康熙帝决定派兵征讨策妄阿拉布坦的机会，用矾水写信给普奇，嘱咐普奇在其父面前保举他为

西征大将军，试图通过树立军功来重新获得太子之位。此事被康熙帝察知以后，立即对普奇等人进行了惩治。从此，废太子胤礽在对储位的角逐中，再也成不了气候了。

皇三子胤祉尽管在储位的争夺中没有表现出太多的欲望，但在康熙帝晚年也到了父亲更多的关注。他多次伴随父亲避暑塞外，派办重大政务、主持重大祭祀活动。在康熙帝废黜太子之后，那些心烦意乱的日子，似乎只有皇三子能够理解和宽慰父亲。在储君未定之时，胤祉也是潜在的竞争对手。

皇四子胤禛从受到第一次废太子事件的打击之后，只与皇十三子胤祥结好，暗中积蓄力量，行事更加谨慎。他善于表现，又颇工心计。康熙五十六年，告假在藉的大学士李光地被召入京，胤禛派其亲信戴铎前往李光地处打探消息。戴铎在李光地面前盛赞胤禛之好，并嘱托其拥立皇四子。在储位之争达到白热化之时，胤禛与其亲信都感到很难把握争储之事的最后结果。戴铎在给胤禛的信中，劝其万一不成，要谋求退路。戴铎还称，台湾远在海外，台湾道一职兼管兵马钱粮，胤禛若争储不成，可将自己调任台湾道，屯聚训练，为将来之退保计。

从第一次废太子之后，皇八子胤禩就一直得到很多朝中大臣和皇室成员的支持，皇十四子胤禵就是皇八子的忠诚追随者。这一政治集团主要拥戴皇八子争夺储位，但与皇八子交好的其他皇子，为支持争夺储位，也极力的神化自己。皇九子胤禟公开表示，自己出生时有神异之处，其母妃曾"梦日入怀"，又"梦北斗神降"。但到了五十三年，颇受拥护的皇八子在向储位的冲刺过程中，遭到了严重的挫败。在康熙帝去承德的途中，皇八子把两只奄奄一息的老鹰送给了父亲。康熙帝勃然大怒，当着众皇子与大

臣的面，骂胤禩是辛者库贱妇所生，与乱臣贼子结成党羽，暗行阴险奸诈之事，屡次邀结人心，此人之凶险，实百倍于二阿哥。康熙帝甚至称，从此将与胤禩断绝父子关系。虽然第二天，胤禩百般向父亲辩解，但在康熙帝的眼中，这个儿子已成了大奸大邪之人。五十四年，康熙帝将胤禩护卫官兵的俸米停发，他的多数门客和关系亲密的官员也被革职。胤禩争储的希望也化为了泡影。但在他们的政治集团中，还有另一位有潜力的角逐者——皇十四子胤禵。胤禵才德双全，皇九子就称他将来必大贵。五十七年，康熙帝命胤禵为大将军，率兵安藏，并准其用正黄旗纛。这无疑是代父出征之意！新出现的形势立即在诸皇子中引起了躁动，储位的争夺中又增加了新的竞争者。胤禵出任大将军，使皇八子、皇九子兴高采烈，并嘱咐胤禵早日功成，得立皇太子。皇九子甚至对自己的亲信说，如果胤禵得立皇太子，将来一定会听自己几分话。五十九年，胤禵功成回京，与康熙帝在南苑相见。众议纷纷，但仍不见康熙帝明确表态。

　　康熙帝迟迟不立储君，令朝中诸臣猜测不已。其实，康熙帝诸子中并非没有堪继帝位之人。康熙帝的皇子们，从幼年起，就以翰林院中博学之士为师，接受严格的宫廷教育。前文说道，康熙帝非常重视对他们的培养，虽然政务繁忙，但他仍然亲自检查皇子们的学习情况，并令儿子们当面阐发经史，讲论治国之道。在武功方面，督促皇子们练习骑射、演习火器。正如传教士白晋所说，康熙帝的儿子们无论学问见识，还是武功骑射，都不落后于人。

　　康熙帝之所以如此难以抉择，是因为两度废立太子，及由此引发的诸子对储位的争夺，使康熙帝看到了脉脉亲情面纱后丑陋

的嘴脸。争夺储位的皇子们虽然不乏治国之才，但在康熙帝看来，都缺少仁义、忠孝，不足担当继承祖宗洪业之大任。储君之位最终的归属，就成了令康熙朝晚期朝野人士都琢磨不透的政治迷局。

八、没有料到的结局

1. 带着遗憾离去

1722年,即康熙六十一年,伴随着紫禁城内举行的隆重典礼姗姗而来。至此,康熙帝已然御宇六十年整了!从智擒鳌拜到平定三藩,从反击沙俄入侵到扬威西北,从整饬河工到"滋生人丁永不加赋",康熙朝由乱走向大治,开创了中国封建社会最后一个盛世——康乾盛世——的新局面。尽管储君一事仍悬而未决,但随着新一年元旦的到来,康熙帝还是满怀欣喜。

例行的典礼与仪式仍照旧举行着,谁都没有想到这将是一代圣君过的最后一个元旦。元旦过后,康熙帝召集满汉文武大臣官员、致仕及退斥人员中,年满六十五岁以上者,于乾清宫前赐宴,这是康熙帝举行的最后一次千叟宴。在康熙帝的主持下,诸王、贝勒、贝子、公及闲散宗室等授爵劝饮,并分别颁赐食品。康熙帝还作七言律诗一首,命赴宴的满汉大臣官员各作诗,以纪此番盛会。康熙帝御诗与各大臣所作诗合为一集,名之为《千叟宴诗》。

在举行完千叟宴之后,康熙帝又就是否应追剿西北准噶尔策

妄阿拉布坦一事，与议政王大臣进行会商。他认为，策妄阿拉布坦之兵屡次被清军击败，死伤甚多。策零敦多卜等贼众亦死伤大半，逃窜到伊里地方，固守三岭。若此时满洲兵至，策零敦多卜等必舍命交战，势有不敌，又思逃避他处。因而，是否应遣兵追剿需详加商议。同时，若此时遣使向策妄阿喇布坦处招抚，他不知宽仁之意，反以为不能攻取其地，复生他心，这亦是不可预料之事。为两全起见，康熙帝命令一面进兵，一面遣使，以防策妄阿拉布坦等逃窜或复生叛逆之心。在部署完应对西北准噶尔的战略之后，他又按往年的惯例，带着皇三子和硕诚亲王胤祉、皇四子和硕雍亲王胤禛、皇五子和硕恒亲王胤祺、皇八子多罗贝勒胤禩、皇九子固山贝子胤禟、皇十子多罗敦郡王胤䄉、皇十三子胤祥、皇十五子胤禑、皇十六子胤禄、皇二十子胤祎、皇二十一子胤禧、皇二十二子胤祜，巡幸畿甸。

在随后的几个月中，康熙帝先后三次应皇四子和硕雍亲王胤禛之请，至雍亲王园邸进宴，共叙天伦。四月，康熙帝携皇三子和硕诚亲王胤祉、皇四子和硕雍亲王胤禛、皇五子和硕恒亲王胤祺、皇八子多罗贝勒胤禩、皇九子固山贝子胤禟、皇十三子胤祥、皇十五子胤禑、皇十六子胤禄、皇二十子胤祎、皇二十一子胤禧、皇二十二子胤祜，出巡塞外；八月，又命诸皇子随驾行围；九月，又至南苑行围。在此期间，康熙帝一如既往的处理着纷繁的政务，台湾朱一贵起义之事的处理方案、河工的修缮计划、漕运及粮食仓储等等，都由其亲自指授方略。年近七十的他似乎并没有表现出病容，仍是从容不迫、雄心勃勃。

但到了十一月，正在南苑行围的康熙帝，突然感到了不适，随即自南苑回驻畅春园。他的病情很严重，以至于南效大祀亦不

能亲临，特命皇四子和硕雍亲王胤禛恭代行祀。根据清朝官方史书的记载，在随后的几天里，一直是皇四子胤禛遣护卫、太监等到畅春园请圣安，因为皇四子本人正在南效斋戒，以备郊祀上帝之大礼，而康熙帝的几次传谕都是"朕体稍愈"。十三日，康熙帝病情加重，命人去南郊斋所召皇四子回宫，并特别强调"速至"。随后，又召皇三子诚亲王胤祉、皇七子淳郡王胤祐、皇八子贝勒胤禩、皇九子贝子胤禟、皇十子敦郡王胤䄉、皇十二子贝子胤祹、皇十三子胤祥，理藩院尚书隆科多至御榻前，谕曰：皇四子胤禛人品贵重，深肖朕躬，必能克承大统，著继朕登基，即皇帝位。也就是说，康熙帝看好的是皇四子的人品，以及与自己的几分相像，故而放心将皇帝之位传给皇四子。皇四子胤禛在闻召之后，迅速进宫。在康熙帝去世前的十个小时中，他三次进见问安。康熙帝仍训以为君、治天下之道，并将自己佩带的念珠授予胤禛，并称此念珠是顺治帝临终时所赠之物，今将此念珠赠予胤禛，是有深意蕴于其中的。康熙帝临终之时，仍不忘对废太子、皇长子之事进行一番安排，命胤禛仍照前拘禁，只是因他特别喜爱废太子之第二子，令胤禛封其为亲王。十三日丑刻（晚八点左右），一代英主康熙帝驾崩于畅春园寝宫。

康熙帝去世后的当天夜里，他的遗体在诸皇子及隆科多的护卫之下，由畅春园运至紫禁城乾清宫。为防止突发事件，新皇帝下令关闭京城九门。三天后，向天下颁布康熙帝遗诏。十一月二十日，皇四子胤禛在太和殿举行即位大典，改第二年为雍正元年，是为雍正帝。十一月二十八日，新皇帝为康熙帝上尊谥为"合天弘运文武睿哲恭俭宽裕孝敬诚信功德大成仁皇帝"，庙号为圣祖。十二月，康熙帝遗体由乾清宫移至景山寿皇殿。雍正元年（1723）

四月，雍正帝亲送圣祖梓宫到遵化山陵；九月，安放景陵地宫。

一直以来，康熙帝究竟是患何病去世，雍正帝是否是通过阴谋手段登上皇帝的宝座，都是历史学家们试图探究清楚的悬案。康熙帝生前未指定继承人，一直低调行事、暗中谋划的皇四子得继大统，令所有参与储位竞争的皇子感到意外。当此消息传出之后，举座哗然。皇九子胤禟竟对左右人等说："不料事情竟至如此，我辈生不如死。"不管胤禩、胤禟、胤䄉等人多么的悻悻不平，胤禛践祚称帝已是不可改变的事实。作为曾经储位强有力的竞争者，胤禩等人的存在以及他们在新君即位之初的反映，都难以使雍正帝安枕无忧。在经历过康熙朝晚年的骨肉相争之后，胤禩、胤禟等又即将面临着兄弟间的互相残害。

2. 兄弟相残

雍正帝即位之时，已是四十有五的中年人，并非深居禁宫、不谙世事之幼年天子。他对皇族中、官场中之积弊了然于胸，且极富政治谋略。在他即位之初，皇族内部有因康熙朝晚期争储而形成的政治暗流。这些潜在的政治势力，不满于胤禛绍登大统，散布其弑父即位的谣言，试图制造混乱。为了维护皇权的稳定，雍正帝对政敌进行了严厉的制裁与打击，这实际上是康熙朝晚期储位之争的延续。他最大的政敌，就是参与储位竞争的兄弟们。以允禩、允禟、允䄉为核心的政治小集团，势力颇大，其与朝野人士均有着盘根错节的联系，是对皇权稳定威胁较大的一股政治势力。

雍正帝并没有急于对允禩小集团进行打击，而是首先采取了笼络的手段——晋封其核心人物之爵位。即位伊始，就晋封贝勒

允禩为廉亲王，并任命其为理藩院尚书。雍正元年（1723），遣廉亲王于东郊行礼。二月，又命廉亲王办理工部事务。允禩与雍正帝积怨已久，岂是加官晋爵所能消融的？在允禩方封亲王之时，他就向左右之人表现出怨望、激愤之色，且向朝中大臣称："皇上今日加恩，焉知未伏明日诛戮之意！其现在所施之恩德，皆不可信。"不仅允禩如此，其妻亦认为晋封亲王只是雍正帝的缓兵之计，允禩的前途命运堪忧。故而，当有宾客来贺封爵之喜时，允禩之妻竟当众说："有何喜可贺？恐怕今日封亲王，明日就保不住首级了！"很显然，这是允禩小集团对雍正帝权威的公开挑衅，必受到新君的制裁。

雍正帝在晋封允禩之后，又加封允䄉。雍正元年（1723）五月，雍正帝在给总理事务王、大臣的上谕中，首先斥责了贝子允䄉的无知狂悖，继而又以抚慰皇太后之心为由，晋封允䄉为郡王。同时告诫他，若不知悔改，则国法俱在，将不得不治其罪。雍正帝的言外之意是，若允䄉仍听从允禩的指使，与己为敌，将不再顾忌同怀之谊，必以国法治之。

除实施笼络之外，雍正帝对允禩及其党羽进行分化，并逐个击破。

首先受到打击的自然是允禩。允禩在朝中颇负才望，如果康熙帝传位于允禩，局面会很平稳。但偏巧继大统者是胤禛，必会引起风波。新君即位，允禩亦首当其冲，成为重点抑制的对象。政治上的打击，也需要舆论的适时配合。从雍正元年至四年的三年时间里，雍正帝不间断的抨击允禩虚伪奸诈、邀结人心，扰乱国政。且以上谕、朱批谕旨等各种形式，向文武百官宣示。

四年，雍正帝开始对允禩进行全面的清算。正月，雍正帝在

西暖阁召集诸王、贝勒、公及满汉文武大臣，历数允禩在康熙朝不忠不孝之事，随后革去其黄带子，除去宗籍。二月，命将允禩于宗人府内看守，不久又命禁锢其于高墙之内。三月，命允禩更改旧名，允禩自改名为阿其那，改其子弘旺名为菩萨保。阿其那、菩萨保均系贱名，雍正帝令其自称贱名，实则是对其羞辱之举。六月，康亲王崇安，及诸王、贝勒、贝子、公、满汉文武大臣等，公同议奏阿其那罪状四十款，举其要者如下：

一、康熙四十七年康熙帝病重之时，允祉等奉旨检视药方。允禩毫无忧色，对医药之事，漫不关心，惟同允禟、允䄉等，促坐密语。待康熙帝病体稍愈，又毫无喜色，反有"目前虽愈，将来之事如何"之语。可见，其暗蓄异志已久。

二、偷减陵寝所需物料、人力。陵寝所需物料，典礼攸关，理应敬谨办理。允禩议称陵寝所用红土折银发往陵寝处采买，可省脚价。又奉移山陵需用夫役，向例皆用二万余名，允禩则密奏费用银粮太多，今减省一半，便可足用。

三、允禩管理理藩院时，将科尔沁台吉于边口拦阻逐回，声称外藩到京，靡费口粮，以至蒙古诸台吉不得拜谒康熙帝梓宫，涕泣而归，怨声载道。幸亏都统拉锡奏闻，随即开示蒙古诸台吉，方不致使其寒心。

四、新君即位之初，对允禩加封爵位。允禩及其妻不仅无感激之言，反而有怨愤之语，宣称雍正帝之恩典不可信，乃是故作姿态而已。

五、故意怠慢政务。诸凡雍正帝所交之事，皆不实心办理，有意隳废。每遇奏事并不亲自到场，亦不亲加检点，苟且草率，付之他人。

六、允禩自知种种不法之举，唯恐在家中搜出证据，将其与党羽往来之书信全部焚烧，甚至将圣祖的朱批折子，亦一并销毁，悖逆不敬之至。

七、管理上驷院事时，允禩奏称马圈畜马太多，请行裁减大半，以省钱粮。其用意甚为险恶，要故意彰显圣祖靡费之名，也要使马匹不足，将来如有紧急之事，就可无所资取。

经过此番议奏，允禩显然已干犯国法，断无生计。九月，允禩患呕哕之症，雍正帝命给予调养，不久就卒于幽所。

其次受到政治隔离的是允禵。当康熙帝龙驭上宾之时，允禵正出征在外。雍正帝遂命速行文大将军王允禵，令其与弘曙二人驰驿来京。允禵从西宁回京后，并未奏请圣安，而是先行文礼部，询问其到京后应如何行礼。及至寿皇殿叩谒康熙帝梓宫后，允禵拜见新君则远跪不前。雍正帝向前，其仍不为所动。当时在场的都统拉锡扶掖允禵，使之向前跪拜。不料，允禵当众咆哮，诟骂拉锡不止，并愤然至雍正帝面前，求将拉锡正法，以正国体。允禵的倨傲不恭被随后而至的廉亲王允禩劝止。雍正帝看得很清楚，允禵并不尊敬新君，反而事事听从允禩之言。鉴于允禵的种种狂悖表现，雍正元年四月，命其留陵寝附近汤泉居住。二年，雍正帝又以陵寝只派总管等守护于心不安为由，欲于兄弟中选取一人，封以王爵，于子侄中选二人，封以公爵，代其居守山陵。郡王允禟随后被派往居住。不难看出，守陵只是假象，对允禵进行软禁，以防止其与允禩等党羽再次勾结，才是雍正帝的真正动机。允禵被发往陵寝之后，不断受到雍正帝的训斥以及朝中大臣的参劾。三年，雍正帝在上谕中称允禵因身居陵寝而有怨望之语，并指责其在任大将军出征之时，将不应支用之钱粮，滥支数万以市恩邀

誉。同年十二月，宗人府又参奏允禵前膺大将军重任时，违背圣祖训示，任意妄为，苦累兵丁，侵扰地方，奏请将允禵革退多罗郡王，降为镇国公。雍正帝批示，允禵著革去多罗郡王，授为固山贝子。在随后的雍正四年里，宗人府又先后两次参奏允禵，或差遣私人缉捕门下之人；或于孝庄文皇后梓宫未入享殿前，私令其子白起、广善先回，并请革其贝子爵位。雍正帝均从宽免之。至五月，诸王大臣再参允禵之罪，称其为大将军时，只图利己营私，贪受银两，纵容属下骚扰地方，且固结党羽，心怀悖乱，请雍正帝即正之以典刑，以彰国法。这一次，雍正帝不再宽免其罪，也许他觉得大臣们罗列的允禵之罪，以使他有充足的理由对其进行制裁了。在给诸王大臣的谕旨中，雍正帝痛斥允禵之行径，其与允禩、允禟等结党营私，同恶相济。但同时又指出，允禵为人糊涂、行事狂妄，因允禩、允禟的多方笼络，才堕其术中，受其指使。若论奸诈阴险，则与允禩、允禟相去甚远。允禵既非首恶，自有可以原谅之处，令其在马兰峪居住，也是希望其感发天良，痛改前非，怎奈允禵并不醒悟。蔡怀玺向其居住之院内投放字帖，内写"二七变为主，贵人守宗山"，以及"九王之母为太后"等语。允禵并不奏闻，而是将要紧字词裁去，只交与总兵范时绎，称此并非大事，令其完结。雍正帝遂将允禵撤回，与其子白起一起禁锢于寿皇殿。终雍正一朝，允禵再未获释。自古皇室操戈，无有全身而退者。允禵仅遭禁锢而性命无虞，很难说雍正帝不是出于同怀之谊而保全之。据清朝笔记《永宪录》的记载，雍正八年（1730），怡亲王去世之后，雍正帝曾降旨允禵，欲加委任，以佐国政。相传令大学士马尔赛传旨，但允禵回奏"杀马尔赛即任事"。雍正帝置之未理，赐其居于圆明园旁的关帝庙中。十三年，

雍正帝临终之前，特旨召见允祕，先训其勉励之语，后申寄托之意，但允祕以病坚辞。雍正帝寓意何在？或许是想最后试探一下允祕对皇位是否仍有觊觎之心，或许是希望他能像怡亲王允祥那样辅佐新君。此事仅见载于《永宪录》一书，他书无从考证，故只能对雍正帝的真实意图寥作揣摩。

与允祕相比，允禟的遭遇就没有那么幸运了。允禟是康熙帝的第九子，也是允禩忠实的拥护者。康熙帝去世后，雍正帝召允禟回京，未定其应否回任。清朝旧制，行军之处，必派王公等前往。经诸王大臣等会议，命将贝子允禟派往军前，驻劄西宁。雍正帝虽然声称此举实为国家边疆的安危起见，但允禟及朝中大臣们都明白，这是在分化允禩小集团的实力。所以，允禟先以过康熙帝丧事百日之后为借口，后又称待从陵寝回来即起程，屡次推诿，耽延时间。待到西宁之后，又擅自遣人往河州买草，踏看牧地，违抗军法。允禟的狂妄受到了宗人府的参劾，请将允禟革去固山贝子，撤出其所有属下佐领，改为旗下公中佐领。雍正帝未允宗人府之请，命宽免允禟之罪。三年，雍正帝特令都统楚宗赴西宁，约束允禟属下之人。允禟如不听从，楚宗可即行参奏。楚宗名为约束允禟之属下，实为雍正帝派去监视允禟本人的言行举止。不久，雍正帝就从楚宗的回奏里得知了允禟的种种不敬之举。允禟在聆听完谕旨之后，并不叩头，且对楚宗说："谕旨所说都对，我有何可说？我已欲出家离世，有何乱行之处？"同年七月，山西巡抚伊都立又参奏允禟，擅行殴打生员、纵容属下骚扰地方，且携带数万金前往西宁，滥行靡费，买结人心。雍正帝斥责允禟不识臣子大义，革去其贝子爵位，并撤其佐领属下。四年正月，在惩治允禩的同时，雍正帝也在上谕中历数允禟之罪，列其罪重

者如下：

一、私造字码，密通书信。允䄄亲信毛太、佟保将编造字样的书信，缝于骡夫衣袜之内，寄往西宁，被九门捕役拿获。所书之字类似西洋字迹，以其询问西洋人，西洋人却称并不认识此种字体。后究问允䄄之子弘旸，据弘旸称："去年十一月佟保来京，我父亲寄来格子一张，令我学习，照样缮写书信寄去。我向佟保学会了，因此照样写信寄往。"从来惟敌国之人，差遣奸细往来，偷传信息，造作隐语防人知觉。允䄄在西宁，并未禁其寄书，亦未禁其往来之人。若果安分守法，则所寄书无不可以令人共见，何至于别造字体，巧编格式，暗藏衣袜之内，居然为敌国奸细之行耶？

二、与允䄄暗相勾结。允䄄奉旨送泽卜尊丹巴胡土克图至张家口外，就托病不行，私与允䄄暗相往来，馈送马匹。允䄄回信称："事机已失、悔之无及。"

三、允䄄寄予弘旸之信中，擅用朱书。弘旸书信中，又称其父之言为旨意。

允䄄随后被革去黄带子，除去宗籍。三月，雍正帝命允䄄自改贱名。四月，将允䄄交与都统楚宗、侍卫胡什里，驰驿从西安一路来京，沿途派兵看守。五月，雍正帝因不满意允䄄自改之名，令诚亲王、恒亲王酌改，允䄄改称为塞思黑（汉语意思为狗）。相关学者的研究表明，允䄄在被拘禁后，大臣法外用刑，将其囚于小屋之内，铁索在身，手足拘挛，加之房小墙高，天气溽热，允䄄多次因中暑晕死，用冷水喷渍始苏醒过来，最后瘐死狱中。

允䄄作为允禩的同党，同样受到雍正帝的排斥。但与允禩、允䄄相比，允䄄尚能苟且保全性命。在允禩、允䄄受到惩治的同

时，允䄉也遭到禁锢。至乾隆二年（1737），乾隆帝赐给其公爵空衔，不食俸，令其在家居住。

随着允禩、允禟的相继去世，对皇位稳定威胁最大的因素已不复存在。雍正帝虽然通过打击他的兄弟，达到了他的政治目的。但是因为其为政手段过于严厉，加之允禩等人旧有党羽对雍正帝的诽谤与污蔑，坊间有很多关于他弑父屠弟的谣言。此后，便有曾静之流以此为口实，大肆对其进行攻讦，以至于雍正帝不得不亲自编写《大义觉迷录》一书，为自己辟谣。其实，不管雍正帝采取什么手段登上皇位，他在整个清朝历史中的地位及其所作的贡献，都是不容忽视的。正是他承前启后，力除康熙朝晚期的吏治腐败、钱粮亏空等积弊，为清朝"康乾盛世"的到来，奠定了坚实的基础。